新时代
投资
新趋势

涨停密码

（修订升级版）

黑马王子◎著

清華大學出版社

北京

内 容 简 介

本书是作者继《伏击涨停（修订升级版）》之后的又一扛鼎之作。作者在他 20 多年实战操盘与教学实践的基础上，从"涨停基因的排列组合"入手，揭示了"涨停密码"的基因奥秘，总结出 18 种牛股涨停密码，形成了独特的伏击涨停、享受涨停的实战系统。

作者在各地连续举办了多期"伏击涨停特训班"，参训人员一期比一期多，实战效果一期比一期好，受到学员的广泛好评。本书是作者"伏击涨停特训班"的辅导教材之一，被誉为颠覆传统技术、超越传统技术之作。本书也是一本实战指导书，为广大的证券投资人、投资机构、基金从业者提供从理念到方法的完整体系。

图书在版编目 (CIP) 数据

涨停密码：修订升级版 / 黑马王子著 . —北京：清华大学出版社，2021.6（2025.4 重印）
（新时代·投资新趋势）

ISBN 978-7-302-57840-6

Ⅰ . ①涨⋯　Ⅱ . ①黑⋯　Ⅲ . ①股票交易－基本知识　Ⅳ . ① F830.91

中国版本图书馆 CIP 数据核字 (2021) 第 057256 号

责任编辑：刘　洋
封面设计：徐　超
版式设计：方加青
责任校对：王荣静
责任印制：杨　艳

出版发行：清华大学出版社
　　　　　网　　　址：https://www.tup.com.cn，https://www.wqxuetang.com
　　　　　地　　　址：北京清华大学学研大厦 A 座　　　　邮　　编：100084
　　　　　社 总 机：010-83470000　　　　　　　　　　　邮　　购：010-62786544
　　　　　投稿与读者服务：010-62776969，c-service@tup.tsinghua.edu.cn
　　　　　质 量 反 馈：010-62772015，zhiliang@tup.tsinghua.edu.cn
印 装 者：小森印刷（北京）有限公司
经　　销：全国新华书店
开　　本：185mm×260mm　　印　　张：12.5　　插　　页：1　　字　　数：222 千字
版　　次：2021 年 6 月第 1 版　　　　　　　　　　　　　印　　次：2025 年 4 月第 12 次印刷
定　　价：98.00 元

产品编号：086845-01

黑马王子讲解"间谍战法"

全班同学赠给黑马王子及八大弟子的金牌

黑马王子讲解量学七剑横天下

黑马王子讲解量学黄金掌

黑马王子与学员交流

读者围着黑马王子签名留念

清华大学伏击涨停特训班合影

黑马王子在巴菲特曾经讲过课的拉登堡礼堂讲课

北大博雅伏击涨停特训班全体师生合影留念

代序

让读者自己创造奇迹

——黑马王子访谈录

《证券市场红周刊》记者　余洋

《证券市场红周刊》（以下简称《红周刊》）：张教授，您好！清华大学出版社即将出版您的大作《涨停密码》，能谈谈您对"密码"的看法吗？

黑马王子："密码"二字似乎有点神秘，其实一点儿都不神秘。你看公安人员开锁，就拿三根不同形状的铁丝，什么样的锁具都能打开。《涨停密码》就是从中得到启发，运用《伏击涨停》里的"四大定律"，从"涨停基因"入手，总结"涨停基因"合成"涨停密码"的科学规律，进而让"涨停密码"成为读者探索规律、伏击涨停的工具。来看一个案例（见图 X-1）。

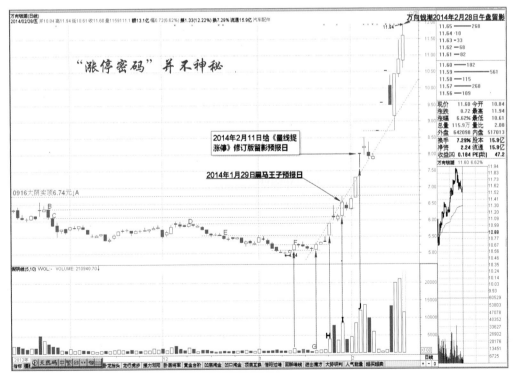

图 X-1　万向钱潮 2014 年 2 月 28 日午盘留影（一）

图 X-1 的"万向钱潮"是我 2014 年 1 月 29 日（见图中 I 柱）盘前预报的一只股票。当时它的"涨停密码"由三组"涨停基因"构成：

（1）F 柱和 G 柱两个小倍阳，形成"接力双阳"，上攻基础已成；

（2）从 H 柱到 I 柱构成两组连续的"倍量伸缩"，上攻动能蓄备；

（3）加上 H 柱倍量攻击左峰 D 柱，可能"回踩凹峰"，上攻跳板找到。

这三组"涨停基因"形成了一组强力上攻型"涨停密码"，所以我在 I 柱发布预报，此后第三、第四天连获两个涨停板。J 柱这天含有"零号基因"，其"涨停密码"是"零号不补，后市如虎"，于是我把它作为一个最新案例写进了《量线捉涨停（修订版）》。此后第四天开始，连续三个一字板，休整一天后又是一个涨停板。这就是"涨停密码"的功劳。

《红周刊》：精彩！您的《涨停基因十八讲》曾在我们《红周刊》连载过，读者反应强烈。您能讲讲"涨停基因"与"涨停密码"的关系吗？

黑马王子："涨停基因"是单个的，"涨停密码"是组合的。"基因"一词来自希腊语，意思为"生"。它是一切生命体的物质基础，是遗传物质的最小功能单位，它直接或间接影响着生命体的生、长、病、老、死等一切生命现象。股票也有生、长、病、老、死等生命现象，我们借用"基因"一词来研究股票，就是把股票当作生命体来研究。比如，强庄做的股票必强，精庄做的股票必精，狡庄做的股票必狡，都会在其基因或基因组合中表现出来。我们一旦发现了强庄的基因，就能在第一时间挤进强庄的队伍，把自己变成强者。"涨停基因"的组合就是"涨停密码"，二者相辅相成，不可截然分开。本书的重点是研究股票涨停或走牛的基本因子及其组合规律。

《红周刊》：哦！您创造的"不听消息、不看指标，只看量柱量线，提前伏击涨停"的技术也与"涨停密码"有关？

黑马王子：有！所有股票的涨停和走牛都是由其基因和密码决定的。打个比方：庄家或主力策划运作股票就好比"十月怀胎"，股票的涨停或走牛就是"一朝分娩"。社会生活中的女人一旦从"十月怀胎"到了"一朝分娩"的时候，打雷下雨她都要生孩子，地震海啸她也要生孩子。证券市场上的股票一旦从"十月怀胎"到了"一朝分娩"的关头，大盘猛跌它要涨停，大盘狂跌它还是要涨停。为什么？从基因的角度分析，它不涨停的话，"十月怀胎"的股票可能就要出大问题。这就和即将分娩的女人一样，你不让她生孩子她就要出大问题。同样，有些股票涨停一下又复归下跌，也是基因、密码问题，因为它的"十月怀胎"有问题，所以生的孩子不健康。有的股票涨停接着涨停，也是由基因密码决定的，刚才讲过的万向钱潮就是这样，因为它的"十月怀胎"很健康、有营养，所以它涨了又涨，最终长成一个金娃娃。

《红周刊》：是的。最近我一直关注您在《红周刊》点评的股票，像中青宝、生意宝、拓维信息等，您点评之后都出现了相当可观的涨幅。这是为什么呢？

黑马王子：前面已经讲过，它们在"十月怀胎"的过程中出现了几个或多个涨停基因，其涨停密码组合很好，说明孕育期间营养丰富，身体健康，出生之后的上涨就成了必然。这是带有规律性的，是可以"重复实现"的东西。过去有许多同学觉得我预报涨停很神奇，现在他们预报涨停的成功率甚至超过了我，反而觉得不神奇了。为什么？因为涨停是有特征的、有规律的、可"重复实现"的，我只是把这些基因和密码做了统计、概括、总结，找到其发生的根源，然后传授给学员。他们掌握了这个技术，但夸大了我的贡献。其实，只要你有了正确的思路，多下功夫，肯花时间实践，一样也会成功。

《红周刊》：您预报涨停的成功率很高，据说您的这套方法可以迅速复制成功，是真的吗？

黑马王子：从复制到成功，肯定有一个过程。我们量学研究所至今成立八年了，事实上，在此之前我们就已经开始研究，不断发现规律、验证规律。在验证的过程中，我自己有时也觉得很神奇，很多时候预报的点位竟然一点不差。后来经历多了，也就不足为奇了。因为我们按规律预报，精准兑现成了家常便饭，发现规律了，它就不神奇了。有规律的，就是科学的，就是可以重复实现的。在量学的学员中，有许多股市新手伏击涨停的成功率都能达到60%以上（按连续12个月的预报统计），这就是规律的作用。我写书的目的就是培养读者发现规律、学习规律、应用规律的能力，让读者自己创造奇迹。例如，现在就可以用"万向钱潮"的"涨停密码"来看"佛塑科技"，它们同期的基因组合极为相似，它们的"涨停密码"几乎一模一样，弄懂其一，你就可以举一反三，成功复制了。

《红周刊》：对。那"涨停密码"和"三先规律"又是什么关系呢？

黑马王子：关系大着呢。所有的"涨停基因"必须符合"三先规律"的原理，所有的"涨停密码"必须符合"三先规律"的组合。如果脱离了"三先规律",技术就是无源之水、无本之木了。有些读者不在意规律,只在意技术。你想想,没有理念指导,技术靠得住吗?事实上,理念是灵魂,是统帅,而技术只是躯壳,只是士兵。你手上的士兵再多,没有统帅,必然打败仗。也就是说,你学的技术再多,不按规律去用,你将越学越糟糕。我接触过许多投资者,前年学了"均线大师",去年又学"K线大王",今年再学"波浪大侠"。结果呢,年年学,年年亏。原因就是没有找到规律,不按规律办事,你不亏谁亏?有人说《伏击涨停十八法》很管用,有人却说《伏击涨停十八法》不管用,为什么?掌握了其中的规律就管用,没掌握其中的规律就不管用。所以我建议,大家在学习《涨停密码》时,一定要从规律入手,千万不要迷信条条框框,要具体问题具体分析。我们做股票的活的灵魂,也是具体问题具体分析。你有兴趣的话,建议你把熊市中的牛股都调出来看看,把图形缩小,你会发现它们有一个共性,就是价格越涨,成交量越小,这就是"价升量缩,后市必火"。掌握了这个规律,你抓不住大牛也可抓一头小牛嘛。

《红周刊》:我发现您是全国第一个研究"涨停基因"的人,书中涉及的新技术、新概念很多,初学者可能有点生疏。这个问题该怎么办?

黑马王子:量学是一门全新的理论,是一个全新的体系,"涨停基因"的新技术、新概念确实比较多,但其实质只有两句话,即"换个眼光看股市,换种手法做股票"。因为传统理论和传统指标多被庄家和主力使用,你不换眼光、不换手法就只有上当。若初学者感觉新东西很多,可以多做笔记,这样更容易记住,因为其核心只有八个字,即"量价阴阳、真假虚实"。我在书中尽量结合案例把新技术、新概念讲深讲透。有些地方实在看不懂,可以参考《量柱擒涨停》《量线捉涨停》和《伏击涨停》中的内容。

另外,股海明灯论坛(www.178448.com)将开辟"正版读者俱乐部"。作者、读者和特训班学员都能互相交流,能者为师,教学相长,力争让每个读者都有实际收获。

前言
从"涨停基因"到"涨停密码"

有人说："2013"是"爱你一生"，"2014"是"爱你一世"；凡是横跨2013年到2014年的事业，就是"爱你一生，爱你一世"。

说来凑巧，2013年年初《证券市场红周刊》邀我在该刊发表《涨停基因十八讲》系列文章，2014年年初清华大学出版社又邀我将之结集改编为《涨停密码》出版，恰好横跨2013年和2014年这两个特殊的年份。于是有人说，你这个系列工作命中注定将为人们播下"爱你一生，爱你一世"的种子。

作为著书立说之人，当然期望自己的著作能让读者"爱你一生，爱你一世"，为了给读者送上一份好礼，2014年春节笔者整天在计算机上反复研究这本书，越研读越觉得从"涨停基因"到"涨停密码"是一个令人神往的科学圣地。

一、"涨停基因"的奥秘

"基因"一词出自希腊语，意为"生"。一切具有生、长、病、老、死的生命体都直接或间接受其影响或支配，欲罢不能，弃之不成。当你从"基因"的角度来研究股票的生、长、病、老、死时，你会发现一个崭新的科学领域。请看如图Q-1所示的"万向钱潮2014年2月28日午盘留影（二）"。

图Q-1的万向钱潮是作者于2014年1月29日（I柱）和2014年2月11日（J柱）盘前预报的一只股票。研判预报的过程中，不管任何技术指标、不听任何内幕消息，只看"量柱"和"量线"，捕获了7个涨停板。奥秘在哪儿？就在"涨停基因"和"涨停密码"的科学组合之中。

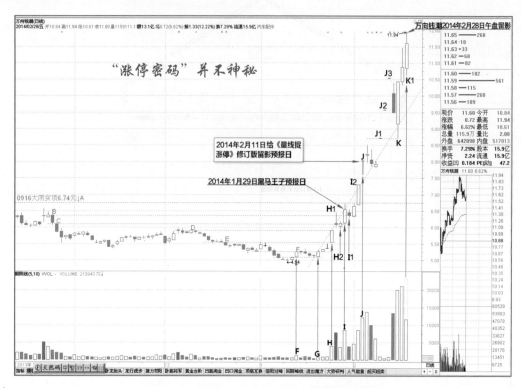

图 Q-1　万向钱潮 2014 年 2 月 28 日午盘留影（二）

从量学的角度看，每根"量柱"都是一种"基因"，它可"助涨"也可"助跌"，而"涨停基因"就是专门"有助涨停的基因"。如图 Q-1 中的 F 柱和 G 柱就是"小倍阳"（比它昨日的量柱增量一倍左右的阳柱），这就是两个"助涨基因"。

单个的"助涨基因"只含有"涨停因子"，并非一定能"促使涨停"；如果几个"助涨基因"组合起来形成了一定的"涨停密码"，那就是另一番景象了，它们的组合密码不但可以"促使涨停"，还可能涨停接着涨停。如图中的 F 柱和 G 柱这两个"小倍阳"共同踩着一条"精准线"（两个价柱的关键点位重合在一条线上），形成了"接力双阳"这一组"涨停密码"，于是在 G 柱后面的第三天（H 柱）即爆发出一个涨停板。

由此可见，"涨停基因"与"涨停密码"之间是互为依存、相互转化的关系，它们二者共同演绎着股票生命的活力。我们在学习和使用的过程中切不可将二者截然分开，也不能厚此薄彼，而是要具体问题具体分析。

二、"涨停基因"的奥秘

例如"万向钱潮"的"涨停基因"和"涨停密码"的相互依存和转化过程，可以分解为如下三个阶段。

第一个阶段，从 F 柱开始（为了叙述的简洁，以下将"涨停基因"简化为"基因"二字，将"涨停密码"简化为"密码"二字）。

F 柱是第一个"小倍阳"基因，G 柱是第二个"小倍阳"基因，两个"小倍阳"踩着同一条"精准线"构成"接力双阳"的"涨停密码"，其上攻基础已成。于是，在 G 柱后第三天的 H 柱形成了一个涨停板。这是两个"涨停基因"合力形成的"涨停密码"起了作用。由此可见，"涨停基因"只是"单个因子"，而"涨停密码"则是"多个因子的排列组合"。

第二个阶段，从 H 柱开始。

H 柱是"倍量平左峰"的助涨基因；

H 柱次日的 H1 柱是"倍量过左峰"的助涨基因；

H1 柱本身是"跳空过凹峰 D"的助涨基因，兼有"假阴真阳"的助涨基因（以上连续出现三个助涨基因却没有涨停，可见其涨停的条件还不成熟，即没有形成"涨停密码"）；

H1 柱次日 H2 柱是"缩量一倍"基因；

H2 柱次日 I 柱是"增量一倍"基因，兼"突破左峰 B"基因；

I 柱次日 I1 柱又是"缩量一倍"基因，兼"精准踩左峰 B"基因（以上又连续出现三个助涨基因还是没有涨停，应该是隐忍蓄势，即将爆发）；

从 H 柱到 I 柱每根量柱都是"助涨基因"，大家共同构成了两组连续的"倍量伸缩"的"涨停密码"，其上攻动能已积累得相当充分。作者于 I 柱发布涨停预报，预报后第三天（I2 柱）涨停，次日再度涨停（J 柱）。

这个案例告诉我们，即使连续出现多个"涨停基因"也不能直接导致涨停，只有多个"涨停基因"共同排列组合成一定的"涨停密码"时，才能导致涨停。同时也告诉我们，只要"涨停基因"没有被损坏，积累得越多，其后涨停的可能性就越大。

那么，什么样的"涨停基因"排列组合成什么样的"涨停密码"才能促使涨停呢？这就是本书研究的重点。

第三个阶段，从 J 柱开始。

J 柱是涨停之后的"跳空丁字板"零号基因，其"涨停密码"就是本书中所讲的"零号不补，后市如虎"，意思是说，只要 J 柱右侧的走势没有封补 J 柱的最低点，其后市将犹如猛虎。根据这个"涨停密码"，作者当场给它留影并作为一个最新案例写进了《量线捉涨停（修订版）》供大家验证。结果，从留影后的第四天开始，该股连续三个一字板（见图中 J1、J2、J3），休整一天后又是一个涨停板（K）。从图 Q-1 午盘留影可见其当时上涨 6.62%，作者预计其收盘应该涨停，因为 K 柱前一天是巨量阴柱，K 柱的"涨停密码"是"极阴次阳涨停"，是强庄控盘的重要标志。当天收盘后验证，该股果然涨停（K1）。

三、"涨停基因"和"涨停密码"的转化规律

也许有人认为万向钱潮是个特例，不足以证明"基因"与"密码"对于股票涨跌的帮助。那么，请看作者在同一时段预报的"佛塑科技"和"骅威股份"。一个月来，这三只股票走势相似，如出一辙，充分说明相似的"涨停基因"与"涨停密码"具有惊人相似的个性与共性。

来看图 Q-2 所示的"佛塑科技 2014 年 2 月 28 日收盘留影"。

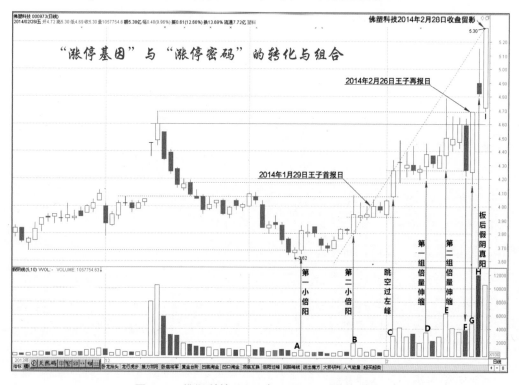

图 Q-2　佛塑科技 2014 年 2 月 28 日收盘留影

"佛塑科技"的走势也可分为三个阶段。

A～B为第一阶段，由两个"小倍阳"基因组合成"接力双阳"密码，加上A～B之间的"百日低量群"基因，说明其上攻基础已打好。作者在B柱后第三天黄金线确立之后发布首次预报。

C～E为第二阶段，由C柱"跳空"和"过左峰"两个基因形成一组"跳空过左峰"的超级密码。然后由D和E两个"小倍阳"基因组成两组"倍量伸缩"密码，清洗了C柱左峰的浮筹，扫清了其上攻的障碍。

F～H为第三阶段，由F柱的"极阴"基因（量柱和价柱双向胜阳）和G柱的"次阳"基因（极阴次日返阳）组合成"极阴次阳盖阴＋涨停突破左峰"密码，其上攻态势已完全确立。作者于G柱收盘后再次发布预报。

预报后隔一天涨停（见图中I柱）。这个I柱暗藏着"缩量涨停"密码，其后必有中到大阳或涨停出现，若这个基因不被破坏，该股将进入主升浪。

以上两个案例，基因相似，密码相似，走势也基本相似，充分说明"涨停基因"和"涨停密码"的研究和运用，切中了股市的内在本质和运行规律。如果上述股票的异曲同工还不能证明"涨停基因"与"涨停密码"的神奇效果，那么，本书将应用"化学实验"和"物理实验"的方式，将同一基因、同一密码、同一特征的股票放到"同一时间、同一环境、同一温度"中进行预测和预报实验。作者将向读者展示如下规律。

（1）"基因"是单个的、孤立的，"密码"是多个的、连锁的。单个基因的研究已在《量柱擒涨停》和《量线捉涨停》中阐述，本书则重在研究多基因组合的"涨停密码"。

（2）"单个基因"有"助涨"和"助跌"的双重功能，"多个基因"按照一定规律排列组合成一定的"涨停密码"才有"助涨"的可能。本书则重在研究多基因组合的"助涨密码"。

（3）量学的"涨停密码"是由量柱和价柱的特殊形态组合而成的。如上述两个案例中的"接力双阳"都是由两个"小倍阳"组成的，"极阴次阳"都是由"极阴"和"次阳"两个基因构成的，"倍阳伸缩"则是由一系列量柱的"倍量伸长"和"倍量缩小"构成的。本书则重在研究多基因组合的特殊形态。

（4）特殊情况下，一根量柱与其对应价柱的组合形态也能构成很好的"涨停密码"，如图Q-1中的"跳空丁字板"本身既是"涨停基因"也是"涨停密码"；其后以此为基准，又可衍生出"零号不补，后市如虎"的"涨停密码"。本书讲解的"涨停基因"有时本身就是"涨停密码",二者不能截然分开。

（5）"涨停基因"和"涨停密码"是可以被损坏的,其受损的顺序是"自右向左,各个击破",一旦它们被损坏,其助涨功能即丧失,助跌功能即产生；然后随着行情的演变,新的"助涨基因"又会形成新的"助涨密码",其顺序是"自左向右,逐个生成"。如此周而复始,形成"量价阴阳真假虚实"的循环转换和动态平衡。关于"助跌基因"的案例不是本书的重点,作者将其分散于相关章节中予以讲解,更多案例将在股海明灯论坛（www.178448.com）中予以讲解。

（6）"涨停基因"和"涨停密码"都是庄家或主力制造的,因此它必然带有庄家或主力的性格。比如,强庄做的股票必强,精庄做的股票必精,狡庄做的股票必狡,都会在其基因或密码中表现出来。因此,本书将用比较多的篇幅阐述基因与庄家的性格、目标与策略。这和本书的姊妹著作《伏击涨停》（清华大学出版社）相辅相成,可以互为参考。

"涨停基因"与"涨停密码"的关系是极为复杂的,也是极为精彩的。本书给大家展示的十八种"涨停密码"只是沧海一粟,更多精彩的基因和密码有待广大读者去探讨、去解析、去挖掘、去总结。

写完这篇"前言",正值农历二月二"龙抬头"的大好时光,连日阴霾密布的北京,今日阳光灿烂,春光无限,预示着又一个春天要来了。

让我们张开双臂,去拥抱这个美丽的春天吧！

股市的春天永远属于尊重股市科学的人们。

张得一（黑马王子）

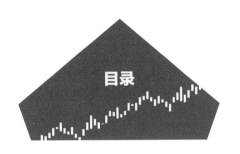

目录

第一章

十月怀胎 一朝分娩

在股票市场中，任何一个涨停板，任何一只牛股，都不是天上掉下来的，而是其庄家或主力精心策划、长期运作的杰作。通俗地讲，庄家或主力策划或运作一只股票的过程，就好比女人的"十月怀胎"，涨停或拉升就好比"一朝分娩"；只要其孕期健康，营养丰富，一旦时机成熟，就会诞生一个充满活力的新生命。

在现实生活中，女人"十月怀胎"之后，一旦需要分娩，她是不管"行情"的，打雷下雨她要生孩子，地震海啸她也要生孩子。

同样，在股市运作中，主力"十月怀胎"之后，一旦需要"一朝分娩"，也是不管"行情"的，大盘折腾它要拉涨停，大盘暴跌它也要拉涨停。

那么，股民如何知道庄家或主力已经"十月怀胎"，又如何知道其即将"一朝分娩"呢？"涨停密码"能告诉我们其中的奥秘。

第一节 涨停密码的重要作用（英唐智控）

"涨停密码"特指构成股票涨停或走牛的基本因子组合。它可以是单个基因（如倍量柱），也可以是组合基因（如倍量伸缩）。看图 1-1"英唐智控 2014 年 1 月 17 日留影"。

图 1-1 中的"英唐智控"这只股票，是创业板中的亏损股，市盈率为零，市净率高达 5.2 倍，用传统眼光来看，这是一只没有上升空间的股票。但是，从 D 柱（2013 年 12 月 30 日周一）至今（2014 年 1 月 17 日周五）共 14 个交易日，大盘跌了 115 个点，它却先后拉出 4 个涨停板，涨幅高达 46.60%。

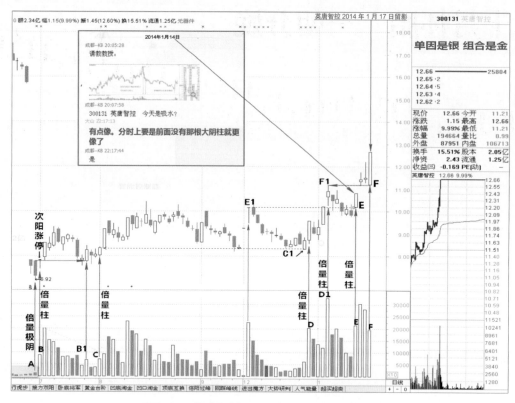

图 1-1　英唐智控 2014 年 1 月 17 日留影

为什么"英唐智控"能在大盘大跌的时候走势那么好？其中，"倍量柱"这个基因起了很大作用。如图 1-1 所示，请看图中的 B、C、D、E 这 4 个倍量柱的作用：

B 和 B1 形成了"接力双阳"涨停密码（详见后文讲解），王子在 B1 处预报后第五天获得一个涨停板；

C 和 C1 形成了"倍量不穿"涨停密码（详见后文讲解），王子在 C 处预报后第五天再获一个涨停板；

D 和 D1 形成了"黄金接力"涨停密码（详见后文讲解），王子在 D1 处预报后连续缩量假跌 5 天，第六天涨停；

E 和 E1 形成了"顶底互换"涨停密码（详见后文讲解），再看图 1-1 中方框所示，作者（大山）和特训班学员（成都 -KB）于 1 月 14 日发现该股有"天龙吸水"基因活动，按照量学的基本原理，这种基因一旦被确认，可能就有 3 个板（或 30%）的上涨空间。我们便以左侧峰顶线为伏击圈，当它于 1 月 17 日（周五）回踩左侧峰顶线 F1 的时候果断介入，收获了一个涨停板。大家可以继续关注并验证其后走势。

这个案例说明：单因是银，组合是金。一只股票的"涨停基因"是非常重要的，但单个基因的功能有限，只有当某个"涨停基因"和另一"涨停基因"组合成了"涨停密码"，如 B 和 B1、C 和 C1、D 和 D1、E 和 E1 的组合，它就可以在你不看好的时候出现令人意想不到的走势。实践告诉我们，从"涨停基因"入手，找到了"涨停密码"，就可以找到许多意想不到的牛股，它不但可以为我们的操作提供前瞻性预测，还可以帮助我们及时跟上即将涨停或拉升的股票。

第二节　基因分析的重要意义（国兴地产）

"涨停密码"是"涨停基因"组合而成的。现代科学告诉我们，"基因"是一切生命个体生成、繁衍、演化、衰亡的最小功能单位。相对于股票来说，由于其各种基因排列组合的不同，其构成涨停或走牛的成功概率也就不同，因此，分析其基因性质和基因组合与涨停或走牛的成功概率以指导我们的操作策略，就是我们所要讲的"基因分析"。

"基因分析"是一门综合性极强的思维科学。最直接和最有效的分析方法是从最关切和最突出的现象出发，解剖其基因成分，分析其组合规律，探索其运行规律，为我们当前的操作提供重要参考。

对于"涨停基因"或"牛股基因"来说，其最关切和最突出的现象就是"涨停"或"走牛"。因此，我们研究"涨停基因"或"牛股基因"的方法，就是分析和解剖"涨停"或"走牛"的股票，从中揭开"涨停"或"走牛"的密码。

请看图 1-2"国兴地产 2011 年 9 月 23 日裸图留影"。

图 1-2 的背景是 2011 年 9 月 23 日，当天大盘跳空低开 30 多点，最低下探到 2400 点，"国兴地产"却逆市飙升，直冲涨停。从图 1-2 这幅裸图上，我们能看出"国兴地产"当天要逆市涨停吗？没有学过量学的读者显然不能看出。但是，量学特训班的不少同学不仅能看出其涨停的先兆，并且能提前介入，打了一个漂亮的伏击战。

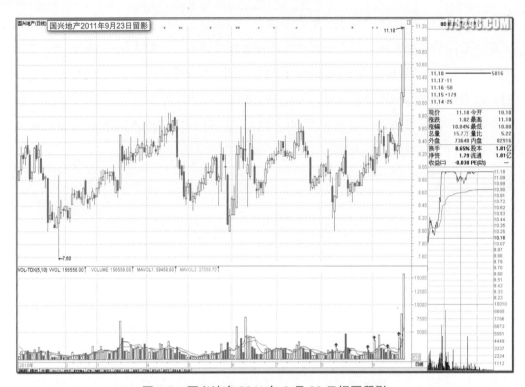

图 1-2　国兴地产 2011 年 9 月 23 日裸图留影

　　事后，有许多同学发表了自己伏击涨停的体会文章，也有许多同学发表了错失这个涨停的经验教训。这些同学的共同感受是：要想看懂一只股票的涨停先兆，必须从基因分析入手，找到其"十月怀胎"的过程和"一朝分娩"的预兆。

　　要想进行基因分析，最好的工具就是量柱和量线。其中，量柱是基础，量线是向导，二者的有机结合，就能找到符合实际情况的"涨停基因"和"涨停密码"。下面两节，我们用量柱、量线这两个工具，和大家一起进入"基因分析"的实验。

第三节　涨停基因的量柱分析（国兴地产）

　　下面的基因分析将涉及许多崭新的涨停基因或牛股基因术语，可能初学者第一时间看不懂，这不要紧，当你看完后面的相关内容再来看这一节的内容，就会豁然开朗了。

　　请看图 1-3 "国兴地产 2011 年 9 月 23 日量柱分析图（一）"。

图 1-3　国兴地产 2011 年 9 月 23 日量柱分析图（一）

在图 1-2 的基础上标注了相关的量柱即为图 1-3。现在我们来看看"国兴地产"的量柱能提供哪些信息。

第一，看量柱全貌。 如注①所示，以 O 点为中线，其左侧有两组"百日低量群"，O 点附近又是一组"百日低量群"，这样，总共有 3 组"百日低量群"。量学原理告诉我们，一只股票一旦出现（或重复出现）长时间的"百日低量群"，即可能进入"十月怀胎"的过程。特别是那些"价柱波浪滔天"而"量柱风平浪静"的量价建构值得重点关注。

第二，看量柱性质。 图 1-3 左侧的两组"百日低量群"对应的走势比较松散，基本上找不出有攻击力的量柱群。但是，在 O 柱右侧的第三组"百日低量群"里，却悄悄地潜伏着 A ～ F 6 根有价值的量柱，其中竟有 4 个"卧底矮将军"。量学原理告诉我们，某只股票一旦在短时间内有王牌柱密集，可能就要进入"一朝分娩"的前夜。

第三，看量柱组合。 如注③所示，在 A、B 和 D、E 之间，有 3 组"倍量伸缩"的量柱，也就是"倍量拉升"的后面紧跟着"倍量收缩"。量学原理告诉我们，连续的密集的"倍量伸缩"出现，可能就是"涨停临盆的异动"。我们讲座中的许多案例,都是在"倍量伸缩"后的第二、第三、第五、第八天出现涨停的。

通过以上三种基因分析,可以基本上断定该股完成了"十月怀胎"的过程,并且进入了"一朝分娩"的前夜。有经验的读者就可以进行模拟操作了。但是,为了保险起见,还可以用第四节的量线分析来验证。

第四节　涨停基因的量线分析(国兴地产)

如图 1-4 所示的"国兴地产 2011 年 9 月 23 日量线分析图(二)"。

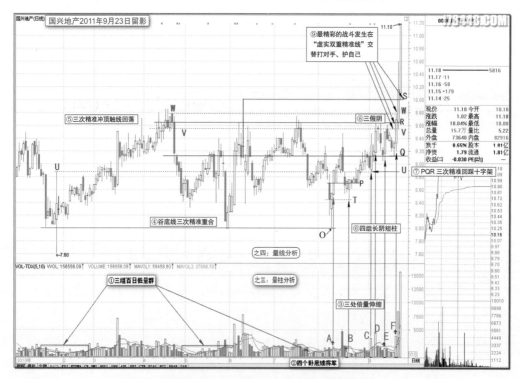

图 1-4　国兴地产 2011 年 9 月 23 日量线分析图(二)

我们在图 1-3 的基础上增加了部分标注即为图 1-4。图中 O 点右侧的每一个回落的低点,都自然切合了左边的关键点位,形成了底部逐级抬高的 8 条精准线。这个主力为什么在这里要使用 8 条精准线呢?这 8 条精准线对应的量柱都是不温不火的,主力这种谨小慎微的行动,究竟想干什么呢?

第一,见注④所示,看 O 线,历时 8 个月,这是我们多次强调过的最佳时限,三处探底动作精准重合仅差 1 分钱,说明主力探底平衡能力相当强。

第二，见注⑤所示，看 R 线，也是历时 8 个月，3 处凹间峰精准冲击 R 线，每处都是精准触线即回落，毫不恋战，主动回撤，说明主力用兵有度。

注意： O 线 8 个月，三次精准探底；R 线 8 个月，3 次冲顶。二者配合很好，C 柱至 F 柱"兵临城下"（参见后文讲解），已暴露向上攻击的意图。

第三，见注⑥所示，4 组长阴短柱洗盘，每次都是回踩精准线即上攻，说明主力的控盘相当稳健，收放自如，日趋成熟。

第四，见注⑦所示，P、Q、R 三处都是精准回踩平衡线形成精准十字架，这是非常可贵的动作。洗盘洗得突然，拉升也拉得突然，甩掉了不少跟风者。作者曾在 9 月 6 日（D 倍量柱）预报该股即将进入主升浪，此后却被洗出来了。大家可以看看其 9 月 6 日以后的走势，洗得坚决，拉得果断，不愁没有人出来。

第五，见注⑧所示，8 月 30 日（C 柱）和 8 月 31 日连续两根"假阴真阳"是相当迷惑人的。9 月 8 日又是一根"假阴真阳"。量学告诉我们：凡是"假象"都是"异动"，"假动作"后面必有"真意图"。这三处"假阴真阳"都是"三阴洗盘"（参见后文"双阴洗盘"的变种，可以合而视之）。

注意： 这 8 个涨停基因在两周内密集呈现，并且越往后越密集，这就是"一朝分娩"的前奏。总体感觉是：静悄悄地、谨小慎微地、不动声色地，偷偷接近临界点，突然完成其"一朝分娩"的目的。

第六，见注⑨所示，最精彩的战斗，发生在"虚实双重精准线"的交替攻防之中。请看图 1-4 中的"虚实线"，主力的操盘，完全由这 8 条"虚实线"来调控，"实则虚之，虚则实之，兵来将挡，水来土掩"，将孙子兵法演绎得出神入化、天衣无缝。掌握了这套技法的主力，无论什么对手，都会在这"虚实相生"的两条线上败下阵来。这是精明主力操盘的绝招，也是"伏击涨停特训课程"的精华，大家可以先体会之，此后当倾情奉献。

第五节　涨停密码的暴露区间（国兴地产）

以上基因分析，采用了"解剖式分析法"，显得过于细致和认真，目的是把基因细节"掰开来"，展示给初学量学的读者。也许你现在感觉以上步骤有点麻烦，这只是分解后的思路，是由远及近，由大到小的过程。在实际看盘过程中，这些环节可能在几秒钟内就可以完成。

只要经过一段时间的练习，真正面临实战的时候，还应该"抓大放小、化繁为简"，以主要基因所形成的主要密码来指导自己的操作。下面结合我们的实战，讲讲涨停密码的灵活运用问题。具体的操作要点如下。

第一，看量柱。找到"十月怀胎"的股票（基因密集，必然暴露密码）。"百日低量群"往往就是"怀孕"的征兆；之后首次出现"矮将军"，将是介入时机（本例中的 A 柱阳过阴处）；若"百日低量群"后第二次出现"矮将军"，将是介入良机（本例中的 P 点）。

第二，看量线。找到"一朝分娩"的时机。当涨停基因密集时，往往就是"分娩"的前兆（密码组合区间）。凡是回踩自然精准线（或黄金线）时，都是介入良机（本例中的 T、P、U、Q、V、R、S 共有 7 个最佳介入点）。

第三，看重点。找到"预报伏击"的节点（往往暗藏密码）。量学告诉我们，距今最近的大阴实顶平衡线，往往是最近的阻力线；距今最近的十字架平衡线，往往是最近的支撑线。那么，我们的预报就可以用大阴实顶平衡线作为出货的参考线，以十字架平衡线作为介入的参考线。这样才能"进出有据，速战急归"。

以 2011 年 9 月 2 日至 9 月 23 日为例，作者参与并观摩了一位同学的实战操盘，他完全根据上述原则对国兴地产进行操作，半月内两进两出，几乎买在每个波段的最低点，卖在每个波段的最高点，令人非常欣慰。他的操作情况如下：

9 月 2 日小倍阳，股价回触 U 线向上盖阴时，他于 9.13 元买入；

9 月 7 日放量阳，股价穿越 V 线回落时，他于 9.64 元卖出；

9 月 21 日小倍阳，出现时，他守住 9.38 元阳过阴时买入；

9 月 23 日放量阳，股价冲击涨停时，他于 11.18 元涨停价卖出。

庄家或主力从"十月怀胎"到"一朝分娩"，总是有迹可寻的，我们只要顺着它的量柱、量线的足迹寻找，一定可以找到他们的踪迹和密码，关键在于我们有没有发现牛股"十月怀胎"的眼光，有没有发现牛股"一朝分娩"的眼力。

这里的关键是：涨停基因越来越密集时，就是"一朝分娩"越来越临近时，也就是"涨停密码"暴露时。如果想记住这只股票的图形，关键是记住其最后十天的图形，这是非常经典的涨停密码展示区。

"进出有据，速战急归，一柱一线，快乐赚钱"，这就是我们追求的境界。

第二章
凹口淘金 一抓就灵

人们在社会生活中总结出许多"窍门"，例如：打虎要打腰，杀猪要捅喉。我们在股市中伏击涨停也要找"窍门"，最好的"窍门"就是"找凹口"。

事实上，"虎腰"就是一个"凹口"，"猪喉"也是一个"凹口"，纵观任意一只股票，其"凹口"数不胜数，但是值得我们伏击的"凹口"却并不多。这和战场上的伏击战一样，一旦找到了值得伏击的"凹口"，那就恭喜你找到了一只装钱的口袋。

第一节 凹口淘金的奥秘（山西三维）

笔者于 2010 年 12 月 20 日发布"凹口淘金"涨停趋势预报以来，截至 2010 年 12 月 24 日 5 个交易日，两市涨停榜上天天都是"凹口淘金"的股票。在大盘跳空下跌，打开盘面满眼皆绿之时，两市仅有两只股票涨停，这两只股票便是"山西三维"和"深鸿基"。

有同学经常问："我自选的凹口淘金股票为什么没涨停，王子老师选的却能涨停呢？其中的奥秘到底在哪儿？"下面结合这两只股票，谈谈其中的奥秘。

先看图 2-1"山西三维 2010 年 12 月 24 日截图"。

图 2-1 中标出了"山西三维"的 A～F 共 6 根量柱，A、B、D、E、F 都是比较明显的王牌柱，只有 C 柱是长阴短柱。这 6 根量柱中，哪几根最重要呢？

第一，凹口长阴短柱。最重要的是位于凹口的 C 柱，因为它是形成凹口的关键。在形成凹口的时候，它是最长的阴价柱，对应的却是不太起眼的阴量柱，其后所有的阴量柱都矮于 C 柱，说明 C 柱的长阴短柱是洗盘。《量柱擒涨停》里说过，"凹口要突然凹陷"，"山西三维"就很典型。

第二，凹底刹车换挡。图中的 D 柱和 E 柱，几乎处于同一水平线上。

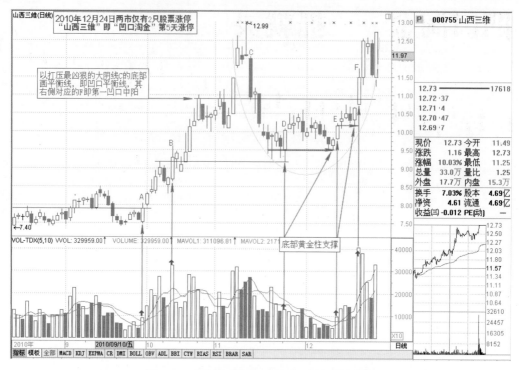

图 2-1　山西三维 2010 年 12 月 24 日截图

先看 D 柱，这是隐藏很深的很难发现的黄金柱，因为它躲藏在其他高量阳柱的右侧，比其左侧的阴柱只是高出一点点，但其后 3 天价升量缩，是典型的黄金柱，所以我们称之为"隐形黄金柱"（即元帅柱）。从外表看它很不起眼，但是它扭转了 C 柱以来的下跌趋势（刹车）。

再看 E 柱，是跳空小倍阳，后两天价升量随，其价柱的升幅明显大于量柱的升幅，按照"量价比"，属于"价升量缩"的范畴，因此，它也是黄金柱。最重要的是 E 柱左侧，一阴一阳两根价柱的最低点都没有跌破 D 柱的黄金线，前面这根阴柱的最低点是 9.50 元，与黄金线精准持平；后面这根阳柱的最低点是 9.51 元，比黄金线上浮 1 分钱；E 柱自身是小倍阳，很不起眼，但它却盖过了左侧的双阴（换挡）。

再把 D 柱与 E 柱联系起来看，二者形成了接力之势。能在底部用两根"不起眼"的隐形黄金柱托起，是该股能够"凹口淘金"的关键。

第三，凹底加油飙涨。为什么会出现"隐形黄金柱"？因为主力或庄家最怕投资者看出自己的意图，所以往往将自己的动作尽量掩饰起来，尤其是在凹口淘金的战术应用中，小阴小阳就成了他们的掩护。

但是，再狡猾的主力也逃脱不了量柱"温度计"的测量，D 柱这么小的动作，也暴露了其反攻倒算的意图。尤其是 E 柱，它接力之后 3 天的小动作给人向上无力的假象，甩掉了许多投资人，E 柱后第四天的最低点刚好踩在 E 柱的黄金线上，E 柱后第五天的 F 柱向上跳空，刚好骑在"凹口平衡线"上，奋力拉升，与 C 柱完美对称，完成了"凹口平衡线上往往有中到大阳"的杰作。这是我们发布"凹口淘金"涨停趋势预报后第五天涨停的经典案例。

这只股票主力的操盘，计划性相当严密，在时机不成熟的时候，他们都用"隐形黄金柱"，小阴小阳"玩你不商量"；一旦时机成熟，都是"放量放胆过左峰"，大阴大阳"甩你没商量"。若将几个动作连起来看：D 刹车，E 换挡，F 加油就飙涨。

记住这个经典案例，你将发现许多股票都是这么变形飙涨的。

第二节　凹口淘金三要素（深鸿基）

上一节的案例还可以从另外一个角度找出其涨停基因，那就是"精准回踩黄金线"。如果我们用上一节分析"山西三维"的方法来看"深鸿基"，可能一眼就能看穿主力的操盘意图了，如图 2-2"深鸿基 2010 年 12 月 24 日收盘留影"。

图 2-2　深鸿基 2010 年 12 月 24 日收盘留影

按照《量柱擒涨停》中"凹口淘金"的法则，我们首先应该"以杀跌最凶狠的大阴实底画平衡线"，A柱的实底就是凹口平衡线。当我们画出这条平衡线时，我们不知道A柱的右侧将如何运行，但是当B柱这个"矮将军"出现时，我们就要注意了，它的价柱和量柱同时悄悄阳胜阴，基本结束了从A柱开始的下跌（刹车）。这种情况下，一旦有"接力将军"出现，就可能开始新的拉升。果然，B柱后第三天C柱出现，3倍量刺破"凹口平衡线"（换挡），此后连续8个交易日都是"踩着凹口平衡线"运行，用我们的操盘密码来解释，这8天就是"现场直憋"（加油），终于在"凹口淘金"趋势预报的第五天憋不住了，即使这天大盘跳空下行，在两市只有两只涨停股票时，它"冲冠一怒封涨停"。

由此可见，"凹口淘金"有三个要素。

第一，凹口要突然凹陷。突然凹陷的必须是长阴短柱基因。因为这是主力挖坑的标志，没有这个标志的凹陷，就是主力出逃的凹陷，它与我们讲的"凹口淘金"是截然不同的。有些同学选的股票的确有凹陷，但是，其凹陷是主力出逃的陷阱，无论你什么时候进去，都是陪葬品。

第二，凹线要顺其自然。"凹线"即"凹口平衡线"的简称。《量柱擒涨停》和《量线捉涨停》里多次讲到过凹口平衡线的画法，股海明灯论坛上也介绍过许多同学的成功经验，大家应该仔细琢磨。最可靠的方法是"以下跌最凶狠的大阴实底画水平线"，这是"自然画法"，如图2-2中的"深鸿基"（有时可以根据该点位左侧的价柱位置，适当调整为大阴柱的最低点画线，以形成"精准平衡线"，这是"人工画法"，不提倡使用，因为随意性强了，就失去了准则）。这条线就是伏击线或预警线，为后面的伏击做好准备。

第三，凹底要刹车换挡。凹底一定要有两个将军柱。第一个将军柱是扭转跌势（刹车），第二个将军柱是转为升势（换挡）。这两个将军柱之间的距离可远可近，越近越有爆发力。有些同学预报的"凹口淘金股票"中，主要是缺少这样的两个将军柱。在凹底没有出现这两个将军柱之前，或者只出现第一个将军柱的时候，我们暂时还不能把它归入"凹口淘金"的行列。当第二个将军柱出现之后，才是确认淘金的时候。这就是"涨停密码"，这就是"二号战法"的核心，也是"凹口淘金"的关键。

第三节　凹口淘金分真假（有研硅股）

在实践中，有人喜欢"凹口淘金"，也有人讨厌"凹口淘金"，还有人是"想说爱你不容易"。作者跟踪调查了一些案例，发现"想说爱你不容易"的读者，主要是分不清"真凹"与"假凹"，见到"凹口"就往里钻，结果是"赔了夫人又折兵"。到头来，他们却埋怨量学出了问题。

其实，很多这些读者都有一个通病，就是读书时浅尝辄止，使用时望梅止渴。自己根本就没有弄懂，却以为自己懂了，结果一用就错；还有一些人似懂非懂，不懂装懂，以蒙代懂，结果可想而知。

"凹口淘金"这个基因，是最简单直观的，作者奉劝那些浅尝辄止、自以为是的读者，远离量学。因为量学是实打实的学问，是以形判性的学问，来不得半点虚假，来不得不懂装懂，更来不得望梅止渴，只要你一分心，就可能走入"形而上学"的误区。

不信，请看下面这个案例，如图 2-3 "有研硅股 2010 年 12 月 24 日留影"。

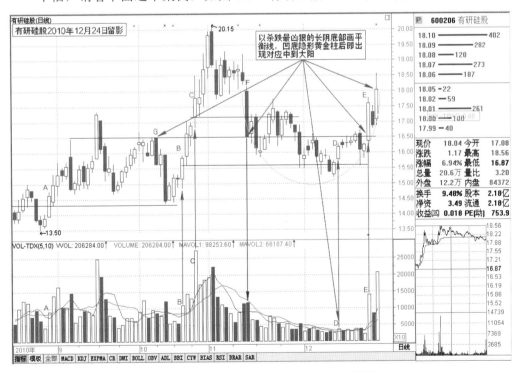

图 2-3　有研硅股 2010 年 12 月 24 日留影

"有研硅股"与前两个案例都发生在同一天，即 2010 年 12 月 24 日。

本书所有的案例，基本上都是用发生在同一天的案例来讲解的，目的是为了给大家提供一种"同一时间、同一环境、同一形态"的市场表现，来展示量学理论的科学性和实证性。

图中的标注，乍一看，"有研硅股"似乎是很典型的"凹口淘金"股票。但是，前面两只股票都涨停了，为什么这只股票不涨停？

用前面讲过的"凹口淘金三要素"来检验一下。

第一，看 F 柱，它是该股在本轮下跌中"最凶狠的长阴"，但它是不是我们所需要的"长阴短柱"？明显不是。因为 F 柱对应的量柱很高大，超过了左侧下跌八天以来所有的阳量柱。所以它不是"长阴短柱"。不是"长阴短柱"的票，往往上攻后劲不足。

第二，我们以 F 柱的长阴实底画一条水平线。它是否符合"凹口平衡线"的标准？不符。因为 F 柱不是"长阴短柱"，所以，以它为根基的画线就不是我们需要的凹口平衡线。

第三，该股的凹底是不是两个"隐形将军"？ D 柱虽然是一个"矮将军"，但其右侧接力的 E 柱是六倍高量柱，上攻凶猛，很不含蓄，一下子就超过了 F 的量柱高度，可见这里的拉升太张扬，透支了上攻动能。

由此可见，前两只股票贵在"得其道，得其神"，后面这只股票差在"得其形，忘其神"。也就是说，"有研硅股"只有"凹口淘金之形"，没有"凹口淘金之神"，所以其后走势苍白无力。

发生在"同一时间、同一环境、同一形态"的这 3 只股票，是不是可以给我们一些启发呢？"要启发，试试吧"，股海明灯论坛（www.178448.com）欢迎你的光临。

第四节　凹口淘金的战略战术（青岛中程）

前面讲的"凹口淘金三要素"非常重要，下面再重复一下。

第一，凹口要突然凹陷。

第二，凹线要顺其自然。

第三，凹底要刹车换挡。

但是，有些股票的下跌不是那么典型，例如：

要么，凹口不是突然凹陷；

要么，凹线不能找到平衡；

要么，凹底没有刹车换挡。

例如 2020 年 6 月 25 日端午节选股练习时，一位学生问我："王子老师，我选中了一只首跌缩量的股票（见图 2-4 "青岛中程 2020 年 9 月 30 日留影"），但是，其 A 处的首跌不是特别凶狠，缩量不足三一，其凹口 A 处与凹底 D 处之间的距离非常大，从凹底上来，直到今天（I 处 2020 年 6 月 24 日周三）也没有明显的刹车换挡，如果按照'凹口淘金三要素'来操作，就只能等到 B 柱平衡线附近去伏击，显然会失去很多赚钱的机会。请问老师，我看好它，却又不知怎么伏击它，该怎么办呢？"

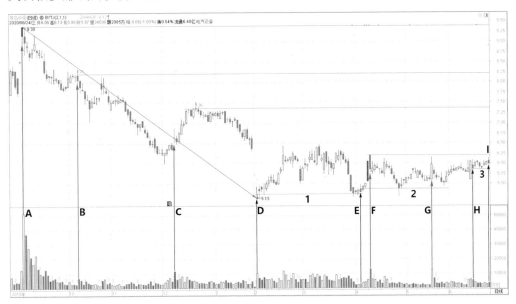

图 2-4　青岛中程 2020 年 9 月 30 日留影

从图 2-4 来看，这只股票的确是一只"战略性好股"，从 A～D 的下跌过程中没有阴柱高于阳柱的走势，说明它是假跌，其上涨的第一目标位将抵达 A 柱平衡线上。但现在处于 I 的位置（留影最右侧），若是按照"凹口淘金三要素"来操作的话，将丢失 F-C1-B 柱的大幅空间。

显然，这位同学提出的这个问题非常好！这就是下面要讲的"凹口淘金"的"战略转移"问题。我当时给他"三把钥匙"：

第一，找到凹底最高量柱，以确认最近的凹口（他找到了 F 柱 0410 量柱）；

第二，找到凹底最低量柱，以确认最近的凹底（他找到 D 柱前一天的百低柱）；

第三，找到凹底三级台阶，以确认最近的升势（他找到了 D、E、H 三级台阶）。

第一条非常重要，F 柱是 A 处下跌以来直到今天（I 柱 2020 年 6 月 24 日端午节前一天）的最高量柱，这根 F 柱就是该股 2020 年的战略高地，因为除了 F 柱，从 A 柱下跌至今的行情中，几乎没有高于阳柱的阴柱。

请看 F 柱次日，缩量二一，明显是凶狠的假跌，如果我们以 F 柱作为新的凹口（战略转移），就能找到新的"凹口淘金"机会（战术介入）。

当前，已经有了 D、E、H 三个底部抬高的 1、2、3 这三级台阶，逐步逼近 F 柱，能不能介入？他说能！于是端午节后的第一天（2020 年 6 月 29 日周一）他就介入了。

请看图 2-5 "青岛中程 2020 年 9 月 30 日留影"。

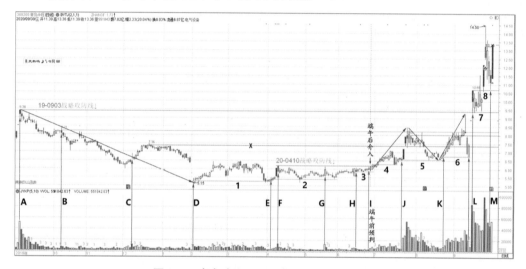

图 2-5　青岛中程 2020 年 9 月 30 日留影

该股的"凹口淘金"战略转移后，以 F 柱为抓手进行新的"凹口淘金"，我们的眼前就豁然开朗了：

（1）D 柱前一天的百日低量帮助我们确认凹底；

（2）其右侧的 1、2、3 级凹底精准平衡线帮我们确认了三级台阶；

（3）他在 I 柱次日介入，刚好突破左峰 F 柱，站在 2020 年的战略高地上，只要日后不破 F 柱实顶线，就可放心持股到达 A 峰。

后面的行情果然如此，3 级凹底抬高确定介入，此后 6 级台阶逐步抬升，进入"牛股唱歌"的拉升段，直逼 A 处战略主峰，回调两天后两个涨停板（40% 的涨幅）突破 A 峰，板后休整 5 天，完成过峰保顶再拉一个 20% 的涨停板，第 8 级再次过峰保顶成功。这就是"战略转移"后的"凹口淘金"。该股成为国庆双节前一颗耀眼的明星。

前面这位同学虽然没有走完青岛中程的全部过程，但他运用"战略转移"战法，又擒获了"晨曦航空"这只大牛股（其 A 峰的跌幅比青岛中程更大），直到国庆双节前夕涨停出货，享受了一轮完整的"凹口淘金战略转移"盛宴。

发表以上几点内容后，收到 547 份留言，股海明灯论坛 admin 选编留言如下所述。

第 12 楼"林京海"留言

谢谢王子老师！学习"凹口淘金"的体会如下所述。

1.左侧必定是一个大阴柱，不论是借势顺势，还是故意为之（革什么），且必定是"长阴短柱"（豆你玩），凹口突然凹陷（鸽你肉）。

2.在凹坑底部出现将军柱，因其"个不高""不起眼"，"隐藏"在小阴小阳之间，不容易被发觉（姜你军），但它很可能是黄金柱，需要从价柱走势来判断，后续还有可能出现第二个将军柱，或大或小，构成接力，是发现凹口淘金的关键。

3.凹口淘金的平衡线是以大阴柱底部画线，长腿踩线也好，平稳坐线也好，精准线点位越多越好（区别上行趋势中上行找实顶的画线）。后续量柱可能是也可能不是倍量伸缩，如若出现低量柱，就要准备去淘金（蒜你狠）（油你涨）。

第 13 楼"杨阳阳"留言

第一个隐形将军是扭转跌势（刹车），第二个隐形将军是转为升势（换挡）。两个将军完成接力（加油），才是关键的"涨停密码"。

第 25 楼"brucecai"留言

谢谢老师。不论在什么情况下，老师都能做到"传道授业解惑"。真有"不管风吹浪打，胜似闲庭信步"的境界。有这么好的老师，有这么好的网友，网站会越办越好的。学生过去败多胜少，但今年幸能小败大胜，确实得益于老师的量学理论。静下心来，回头看自己一年来的得失，认为失败之处不能简单地归于性格因素，应静下心来细致剖析，重温王子量学理论。

第 34 楼"安华跃"留言

谢谢老师的仔细解释，主力挖坑的必要条件是：长阴短柱，长阴说明凹口突然坍塌，给散户的打击大；短柱说明主力没有大量卖出筹码，右侧底部能够出现隐藏的接力将军柱，才能形成"凹口淘金"的"涨停密码"。

第 67 楼"火头僧"留言

10月份至今，在大盘弱势的情况下，本人累计获利28%，正是受到王子量学理论的启发，完善了自己的操作系统。再次表示感谢。

第三章
卧底将军　凹底淘金

前面讲过的"凹口淘金"，重在"凹口"，舍弃了"凹底"至"凹口"之间的利润，有的甚至舍弃了高达 30% ～ 50% 的空间。能否弥补这个利润空间呢？用量学观点来看，是完全可以做到的。

所谓"凹底淘金"，就是要求在"凹底"启动的第一时间，加入主力的队伍，享受飙升或涨停的乐趣。有凹底的股票很多，是不是每个凹底都值得我们去淘金呢？不是。值得淘金的凹底是有主力卧底的凹底。怎么才能发现有主力卧底的股票呢？

这里有三个要素：

第一，股价处于阶段性的凹底部位（长阴短柱，百日低量群）；

第二，有凹底精准谷底线或平量柱（连续平量或水平谷底线）；

第三，在凹底附近藏有"凹底矮将军"（最好形成底部小黄金柱）。

第一节　矮子里面拔将军（东光微电）

所谓"凹底矮将军"，特指处于波段底部的、个头小的、不起眼的"王牌柱"，它可以是"将军柱"，也可以是"黄金柱"，还可以是"元帅柱"。因为它们往往隐藏在凹形走势的底部，所以称之为"凹底矮将军"。它一般出现在大盘长期下跌后悄悄抬头的行情中。

2011 年春节后的第一个交易日（2 月 9 日周三），受央行加息的影响，大盘低开 20 个点，虽震荡上行，却收了一个"阴锤头"。在如此萎靡不振的大势中，两市却有 15 只股票涨停，其中有 12 只股票属于"凹底矮将军"的起涨类型。收盘后王子发表了收评《矮将军大面积涨停说明了什么》，原文如下：

自今年 1 月 5 日以来，我们一直强调要重视"矮将军的大作用"，今天的涨停榜又为量学的涨停趋势预报提供了验证。今天这种矮将军大面积涨停的局面，将会持续一段时间，因为现在主力的操盘手法更加隐蔽，矮将军就是见证。用矮将军出征，可以示人以弱，当你不在意它时便突然拉升。我们 11 月 25 日点评的晋亿实业，当天就是矮将军柱，后来我们于 12 月 8 日和 1 月 5 日又两次截图预报它，都是要大家注意矮将军柱的爆发力。同样，我们于 1 月 10 日点评的三峡水利，也是因为它在 1 月 5 日出现了"矮将军黄金柱"，请看它的后劲，从 1 月 26 日开始已 5 个涨停板。

上述预报后的次日（2 月 10 日周四），两市共有 18 只股票涨停，其中又有 16 只属于"凹底矮将军"的起涨类型。

上述预报后第三天（2 月 11 日周五），又是"矮将军"大面积涨停，两市共有 19 只股票涨停，其中就有 16 只属于"矮将军黄金柱"的起涨类型。

为什么"不起眼"的矮将军能如此大显身手呢？俗语道："矮子里面拔将军"，说的就是"从不起眼的人群中选拔优秀人才"，股市里也可从不起眼的走势里选拔优秀量柱。具备涨停基因的矮将军应该具有"双重特性"：一是"不起眼"；二是"将军柱"。它们的个头不大，但作用很大，所以往往被人们所忽视。

先看图 3-1"东光微电 2011 年 2 月 11 日涨停留影"。

图 3-1　东光微电 2011 年 2 月 11 日涨停留影

"东光微电"是一只次新股，春节前后这一个月，大盘跌跌不休，次新股全线调整，该股从 35.40 元一路下跌，最低跌到了 20.65 元，跌幅高达 38.56%。但是，从量柱上看，它除了上市的最初 8 天之外，几乎都是长阴短柱下跌，长期处于缩无可缩的休眠状态。从它近一个月的走势中，如果我们不注意观察，很难发现这一群低量柱中会有一根悄悄突起的 A 柱，它温和起步，其后三天价升量缩，显然它是"凹底矮将军"。

《股市天经（之一）量柱擒涨停》讲过这种"微型高量柱"，它们是"温和"里藏着"狂热"，藏着"不动声色"，藏着"遮掩搪塞"，也就是"蠢蠢欲动"。我们以 A 柱次日的实底 21.85 元画一条水平线 C，就是 A 的黄金线，A 柱后面尽管有回调，但是都不跌破 C 实底黄金线。这是最关键的回踩黄金线动作，多数情况下，只要回踩不破黄金线，该股就有异军突起的可能。

再看 B 柱，比 C 线高 1 分钱开盘，于 21.86 元起跳，小倍阳一举突破左峰平台，完成了"双向胜阴"走势，凹底反弹已成定局，果然次日跳空高走，封死涨停。

对于"将军柱"，有些同学不太理解，以为"将军柱"一定是横刀立马的大将军，是叱咤风云的关云长。其实，高明的主力往往用兵不在多而在精。《股市天经（之一）量柱擒涨停》第 5 讲中写道："山不在高，有仙则灵；柱不在高，含金则立。"所谓"将军柱"，不在于其是否"高大粗红"，而在于其能否"独当一面"，在于其能否"支撑走势"。东光微电的 A 柱就是典型的"凹底矮将军"，它既扭转了下跌趋势，又奠定了上涨基础，所以它是名副其实的"矮将军"。

第二节　涨停之中有基因（宝利沥青）

是不是所有的"矮将军"都能涨停呢？不是！我们早在一周前就发布了"矮将军"涨停趋势预报，可是有些同学却不一定能找到这样的"矮将军"，问题在于没有掌握具备"涨停密码"的"矮将军"。从"东光微电"的涨停，我们至少可以发现如下"涨停密码"。

首先，基础要扎实。具备"涨停密码"的"矮将军"一般诞生在"长阴短柱"组成的、长期缩无可缩的低量群之后。东光微电就是在整整 40 天的低量群中诞生的"矮将军"，最近诞生的许多涨停股票，都是缩量横盘长达30天左右的。今天（2011年2月11日）涨停的汇通能源、张江高科、云南旅游、宝利沥青、中关村、华电能源、世纪星源等，都是这样的形态。

其次，基因要共振。具备"涨停密码"的"矮将军"应该具有多基因共振的条件。东光微电除了前面讲到的"长阴短柱"的基础之外，还有C点"回踩精准黄金线"、B柱"小倍量盖阴"，还有A、B二柱的"凹口平量"等涨停基因。正是这些基因的有机结合，才组成了"矮将军"的"涨停密码"。一般说来，至少有两到三个涨停基因的组合才能生成涨停密码。至于哪几个基因组合最好，还有待深入探讨。

最后，阳柱要盖阴。具备"涨停密码"的"矮将军"应该有"扭转乾坤"的力量，也就是要有"单阳盖阴"或"双阳盖阴"的形态。请看东光微电的A柱左侧，前一天有一根大阴柱，次日阳柱插入到阴柱的一半，A柱虽小却盖住了这根大阴线，这就是"双阳盖阴"。

再看图3-2"宝利沥青2011年2月11日涨停留影"。

图 3-2　宝利沥青 2011 年 2 月 11 日涨停留影

如图 3-2 所示，"宝利沥青"的 A 柱很特殊，它比昨日的大阴柱缩小 1/3，一般人不会把它当作"将军柱"，因为它左侧的这根阴柱又高又大，抢走了 A 柱的风头。但是，A 柱右侧的走势却是典型的"价升量缩"，即使 A 柱后面第三天是阴柱，但它的收盘价却高于 A 柱的收盘价，可见 A 柱是名副其实的"黄金柱"。正因为它比左侧的大阴柱矮小，不起眼，所以我们戏称它为"矮将军"。这个"矮将军"很有能耐，一根长长的阳价柱盖过了左侧的两根阴价柱，这就是"单阳盖阴"。只要某根阳价柱盖过其左侧第一阴价柱的，我们就叫它"单阳盖阴"；同理，只要连续的两根阳价柱盖过左侧第一阴价柱的，我们就叫它"双阳盖阴"。

"宝利沥青"的 A 柱"单阳盖阴"后，连续 3 天价升量缩，以 A 柱右侧第二天的最低点画水平线 C，刚好与 A 柱左侧第二天的阴线实顶精准重合，这条 C 线就是 A 柱的精准黄金线。

再看 B 柱，小倍阳，阳胜阴，其最低点恰好回踩精准黄金线 C，这就棒了，形成了一组涨停密码，即"小倍阳＋回踩精准线＋阳胜阴＋过左峰＋单阳盖双阴"（注意：B 柱左侧的阳柱是假阳真阴，缩量回踩精准黄金线），多基因共振，今天（2 月 11日）的跳空涨停也就不足为怪了。

第三节　凹底将军阳盖阴（云南旅游）

"矮将军"的操盘密码灵活多变，初学者一时难以准确把握。那么，有没有比较稳定的操盘密码呢？答案是肯定的：有！下面介绍一种简便方法，供大家检验。这种方法就叫"矮将军"加"阳盖阴"。

首先找出"矮将军"，只要发现是"阳盖阴"的"矮将军"，可以大胆介入，等待拉升，即使没有涨停，也会给你惊喜。

来看图 3-3 "云南旅游 2011 年 2 月 11 日留影"。

图 3-3 云南旅游的走势图中，有 A ～ G 共 7 个标记（这是我们在 B 柱次日盘中预报过的一只股票），F 柱即 2 月 11 日涨停处。其中除了 A 柱以外，其余全部是"凹底阳盖阴"。

A 柱，凹底，价柱升幅明显大于量柱升幅，是"矮将军"。

B 柱，凹沿，量柱是双倍阳，此后价升量缩，也是"矮将军"。

C柱，凹底，价柱升幅明显大于量柱升幅，也是"矮将军"。

D柱，凹底，长阳矮柱，价柱升幅大于量柱升幅，还是"矮将军"。

E柱，凹底，三倍阳盖阴，此后价升量缩，还是"矮将军"。

F柱，2月11日，跳空上行，逆市涨停。

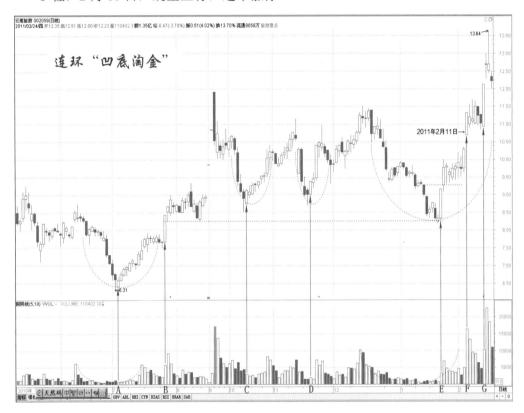

图 3-3　云南旅游 2011 年 2 月 11 日留影

按照"凹底阳盖阴"的操盘密码介入：

A柱，次日双阳盖阴介入，成功，可在B处获得一个涨停。

B柱，阳盖阴时介入，成功，其后可得两个涨停。

C柱，阳盖阴时介入，成功，可得两个板的涨幅。

D柱，阳盖阴时介入，成功，第三天可得一个涨停。

E柱，阳盖阴时介入，成功，当天涨停，在F柱又获涨停。

在本例中，按照其涨停基因介入者，没有一次失败。大家可以结合其他股票试试，测试一下成功率是多少。我们真心希望大家认真做好这个作业。

上面是 2011 年 2 月 11 同一天的 3 只股票。

下面看 2011 年 2 月 14 同一天的 3 只股票。

第四节　凹底淘金三步曲（中关村）

2011 年 2 月 14 日，又是"矮将军"大显身手。两市共有 28 只股票涨停，大家可以浏览一下，"矮将军"黄金线起涨的有多少只？统计结果是 25 只，涨停榜前十名全是"矮将军"：

深 高 速：0127 小倍量、双阳盖阴"矮将军"；

兴化股份：0127 小倍量、双阳盖阴"矮将军"；

兴业证券：0127 微高量、双阳盖阴"矮将军"；

中信证券：0127 小倍量、三阳盖阴"矮将军"；

长江证券：0127 小倍量、单阳盖阴"矮将军"；

龙溪股份：0127 小倍量、双阳盖阴"矮将军"；

新纶科技：0128 小高量、三阳盖阴"矮将军"；

中 关 村：0127 微高量、三阳盖阴"矮将军"；

狮头股份：0127 小倍量、双阳盖阴"矮将军"；

同力水泥：0127 微高量、双阳盖阴"矮将军"。

令人惊讶的是，这些涨停股票的"矮将军"，几乎全是"0127"起步。也就是说，分析"0127 起步"的内因和关联，已基本上锁定了"0127 起步"这个节点。只要抓住了这几天的"矮将军"，基本上都能擒到涨停。有位新同学，看完《量柱擒涨停》就实盘擒获了"中润投资"的涨停，让我们向这位同学致敬。

怎样准确擒拿矮将军的涨停？下面介绍"凹底淘金三步曲"：

第一步：盯住矮将军。

第二步：关注攻防线。

第三步：盖阴就介入。

来看图 3-4 "中关村 2011 年 2 月 14 日（全屏 25 根价柱）留影"。

图 3-4 的"中关村"，也是 2 月 10 日点评过的一只股票，这只股票的量柱形态非常特殊，在一般的"全屏 120 根价柱图"上很难发现它是矮将军柱，我们将其放大为"全屏 25 根价柱图"才能勉强看到 A 柱是连续 5 根平量柱中稍微高一点的"微高量柱"。A 柱右侧连续三天价升量平，是典型的黄金柱，应以 A 柱的开盘价画黄金线。

第一步，盯住"矮将军"A 柱：最高点盖阴，有双阳盖阴趋势，盘中冲动时可能介入，但不妥；次日形成三阳盖阴，全天的任何时候介入都是正确的。

第二步，关注攻防点 B 柱：长阴短柱，其最低点 6.16 元比 A 柱的开盘价 6.15 元高 1 分钱，符合"1 分钱战术"，黄金线上相差 1 分钱非常难得，时机可能来临。

第三步，不破黄金线 C 线：只要不破黄金线，抬头盖阴就是介入点。所以在 B 柱或 B 柱后的任一时段介入都是正确的。

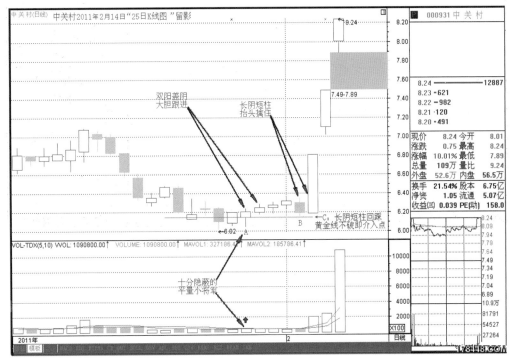

图 3-4　中关村 2011 年 2 月 14 日（全屏 25 根价柱）留影

即使我们在前两步都没有介入，在第三步介入，也能收获 3 个涨停板。稳健型投资者应该在第三步介入。

我们多次说过：关键量柱确定之后，量线就是决定因素。只要黄金柱确立，不破黄金线时的阳盖阴就是介入机会。

第五节　黄金线上阳盖阴（福建高速）

根据上述方法，我们可以总结出一组操盘密码，即"黄金线上阳盖阴，逢低介入七成金"。来看图 3-5"福建高速 2011 年 2 月 14 日（全屏 25 根价柱）留影"。

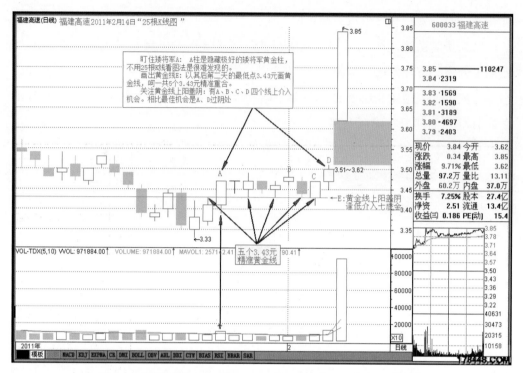

图 3-5　福建高速 2011 年 2 月 14 日（全屏 25 根价柱）留影

A柱：小高量，价柱阳胜阴，其后三天价平量缩，是典型的矮将军。以其后第二天的最低点画水平线E，与A柱左侧第一天的最高点精准重合，E就是A柱的精准黄金线。此后，E线上先后有5个精准点重合。

C柱：精准黄金线上开盘，长阳矮柱，价柱实顶盖住其左侧阴线，这就是"黄金线上阳盖阴"。C点盖阴时可以介入，叫作"逢低介入七成金"。

D柱：小倍阳，以C柱收盘价开盘，阳盖阴，全天都在黄金线上，全天均可逢低介入。这就叫作"黄金线上阳盖阴，逢低介入七成金"。

由此可见，要想做到"黄金线上阳盖阴，逢低介入七成金"，必须做到：

第一，选好"凹底矮将军"，即发现A柱的价升量缩（或量平）属性；

第二，画好精准黄金线，即以黄金柱后三天的实底（或虚底）画黄金线；

第三，确定阳盖阴时机，即发现回踩黄金线的阴柱，一旦发现阳盖阴，就可介入。

总之，"凹底淘金"关键在于这个"金"字，左侧有底，右侧有金，往往跳空，就会涨停，只有凹底藏有王牌柱的凹底，才是我们需要关注的目标。凹底有将军好，有黄金很好，有元帅就更好。没有王牌的凹底，是千万碰不得的，否则一不小心就会沉陷泥潭，这是谁也不愿看到的。

第四章

兵临城下　蓄势待发

当"凹底淘金"和"凹口淘金"完成之后，股票将进入"兵临城下"的阶段。

"兵临城下"，是一个军事术语，说的是用各种隐蔽的方法把兵员悄悄集结埋伏在需要攻击的城池下面，当第一阵冲锋号吹响的时候，其兵员即可一鼓作气攻破城池。

我们将其用作股市术语时，特指将价柱悄悄集结在某条重要的攻防线（即平衡线）下方，给人一种上不去的虚弱假象，当对手放松警惕或其他条件成熟时，股价即一鼓作气冲过攻防线。

第一节　试关与攻关（浙江东日）

请看图 4-1"浙江东日 2011 年 5 月 13 日收盘留影"。

图 4-1 的"浙江东日"用黄色阴影框显示了三道重要防线。

①号线：以左侧大阴实顶平衡线为攻防线。其下方由 AB 两个矮将军柱挂帅，用一串小阳柱向①号线集结，连续两天直接兵临城下，并且用两个小倍阳的上引线侦察①号线的压力，欲过不过，给人过不去的假象，次日即冲过①号线。

②号线：以实顶凹间峰的平衡线为攻防线。整个阴影框内，都是兵员集结区，多次用长上引线侦察②号线的压力（也可以说是消耗②号线的防守力量），在长达 22 天的兵临城下之后，C 柱倍量上攻回落，此后两天缩倍量上攻又回落，故意给人制造偷偷摸摸、上攻无力的感觉，但其每天都是触及②号线，次日 D 柱顺利过关。

③号线：以虚顶凹间峰的平衡线为攻防线。从 D 柱开始即进入兵临城下之战，D 柱最高点精准测试③号线，此后逐日回落，踩②号线集结兵员，E 柱和 F 柱两个

矮将军接力过了③号线又向下回落，这种"偷偷摸摸"的行为，是要告诉对手"我不行了"，当对手放松警惕之时，G柱小倍阳轻松过关。

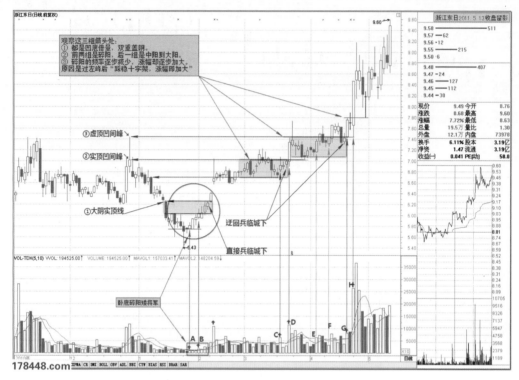

图 4-1　浙江东日 2011 年 5 月 13 日收盘留影

整个过程，"试关与冲关"密切配合，首尾呼应，每一轮兵临城下，总有两个矮将军配合，每一次试关冲关都是凹底淘金组合。把"凹底淘金"和"凹口淘金"的战术运用到"兵临城下"的组合拳中，是"浙江东日"的一大杰作。总结其试关冲关的过程，可以发现：

第一，每轮攻关之前，总有"上引线"充当"侦察兵"，试探防线压力；

第二，每轮攻关之中，总有两个矮将军前后配合，左右夹击，逐步向上；

第三，每轮攻关之后，总有回踩攻防线的动作，站稳了即再次向上攻击。

第二节　攻关与冲关（豫能控股）

图 4-1"浙江东日"的走势图中有一个圆圈，圈内有一串零碎的小阳线，这一

串零碎的小阳在干什么？请看它下方对应的量柱,第一个箭头处的小阳A很不起眼,但是它"倍阳过阴"。倍量柱一般是将军柱,那么这个倍量柱右边是什么？是连续两根平量柱,加一根小倍阳柱,它们对应的价柱所表示的价位大幅提高,而量柱却没有什么变化,这里就需要辩证了。它们的价位逐步升高,量柱却匍匐不动,根据"价升量缩"的原理,第一个箭头所指的量柱A就升格为黄金柱了。像这样的有将军柱卧底的凹底,才是值得我们关注的凹底。

"浙江东日"这只股票,"卧底将军柱"后面连续拉了10个"碎阳",然后3次构筑黄金十字架,从5.4元涨到9.6元,几乎翻番,回头看看这个矮将军和这凹底碎阳,你不得不佩服主力启动前的卧底行为。

再看图4-2"豫能控股2011年5月13日收盘留影"。

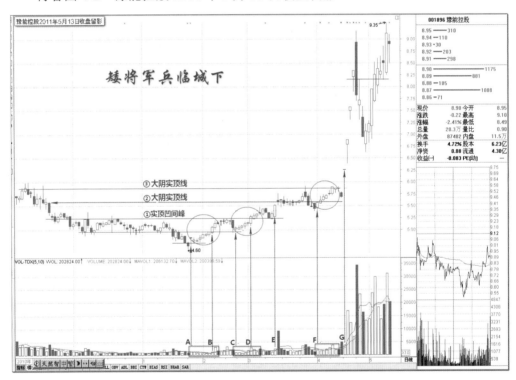

图4-2　豫能控股2011年5月13日收盘留影

图4-2中有3个圆圈,圈内价柱的走势和前面"浙江东日"的走势基本一致,不同的是"豫能控股"在平衡线下方3次"兵临城下"都是"卧底碎阳矮将军"。我们看看圆圈下方所对应的量柱情况:

(1)A柱后连续三天价升量平,这是典型的矮将军黄金柱,7个小碎阳兵临城下,由B柱黄金柱接力冲关;

（2）C 柱后连续三天价升量平，又是典型的矮将军黄金柱，5 个小碎阳兵临城下，由 D 柱黄金柱接力冲关；

（3）E 柱后是跳空假阴真阳，按照"先者优先、跳空补空"的原则，E 柱成了元帅柱，此后 13 个小碎阳兵临城下，然后大幅回调；

（4）F 柱接力后，连续 7 个小阳兵临城下，在③号线下方攻而不破，接着倍量大阴向下跳空，给人上攻乏力，即将溃退的错觉，当散户庆幸自己顺利出逃时，它却突然缩量一字板顺利冲关，连拉 5 个涨停板。

请注意：这三组黄金柱都是矮将军，都是很不起眼的黄金柱，运用的都是"碎阳慢升"，并且最后一根"碎阳"的顶部往往都是兵临城下，咬住左峰平衡线。这就是典型的"兵临城下"。主力应用"卧底小碎阳"，将兵力悄悄运送到左峰平衡线下，只要"第一声冲锋号吹响"，它就冲过了左峰平衡线。

目前市场上流行一种量学术语，叫作"碎阳慢升，无人敢跟"。如"豫能控股"的"碎阳"，的确让人"食之无味，弃之可惜"。主力展示的是"鸡肋"，所以这个主力做成了"碎阳慢升，一人独吞"的态势，洗尽了浮筹，一旦触及左峰，回踩就腾空。很多人没有抓住它，可是给《量柱擒涨停》写序的记者却吃了它四个涨停板，在第五个接近涨停板的大阴柱轻松出局。

位置决定性质，"卧底碎阳矮将军"出现的位置非常重要。可以说，它是主力兵临城下的惯用技法。第一次出现时可以观望；第二次出现时可以参与；第三次出现时，特别是缩量过左峰时，就可能赶不上了。

总结的经验是"城下矮将军，肯定有动静。首次可静观，二次宜跟进。过了第三波，就是闭门羹"。

第三节　冲关与守关（皖能电力）

"冲关与守关"，是比较过瘾的技术，用好了，你可以紧跟主力的节奏，进在次低点，出在次高点，甚至达到与主力同步的境界。

如图 4-3"皖能电力 2011 年 5 月 13 日收盘留影"。

从图中可看出，"皖能电力"冲关都是倍阳过关，守关都是长腿点线。这只股票的操盘手法和战场上的"兵临城下"如出一辙。

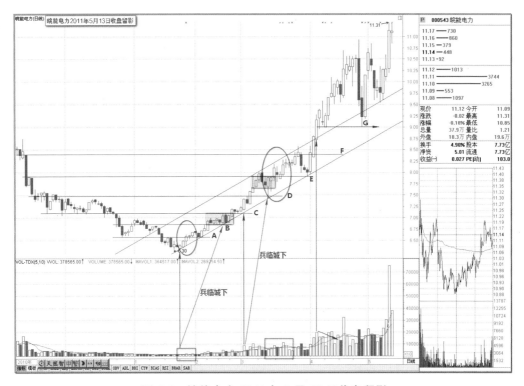

图 4-3　皖能电力 2011 年 5 月 13 日收盘留影

按照"阴线战法"的规则，我们依据图中"左侧大阴实顶"给它画出了上升途中的 6 条攻防线，分别用 A、B、C、D、E、F 来标示。这样一画线，奇怪的事情发生了：每一个台阶都是一级递进式攻防。

A 线上先有一次穿越，后有一次回踩；

B 线上先有一次穿越，后有一次回踩；

C 线上先有一次穿越，后有一次回踩；

……

几乎每一个台阶级都是这样完成的。最精彩的是图中两个阴影框，仿佛有一股力量，先把 A 线上的兵力运过 B 线之后，集结在 C 线下方；然后仿佛又有一股力量，把 C 线的兵力运过 D 线之后，集结在 E 线下方；大家最后集结在 E ～ F 区间，一举向上冲去。这种"兵临城下"的战术，逐级运送兵员（实际上是逐级抬高持股成本），最后借用全部市场的能量，一举突破最重要的防线 F。

第四节　攻守与冲防（鑫富药业）

"兵临城下"的极致，就是"攻守冲防"四步棋。《量线捉涨停》中对"攻守冲防四步曲"做过详细解剖。下面结合一个案例，讲讲"攻守冲防"与"兵临城下"的关系，如图 4-4 "鑫富药业 2014 年 1 月 3 日周五留影"。

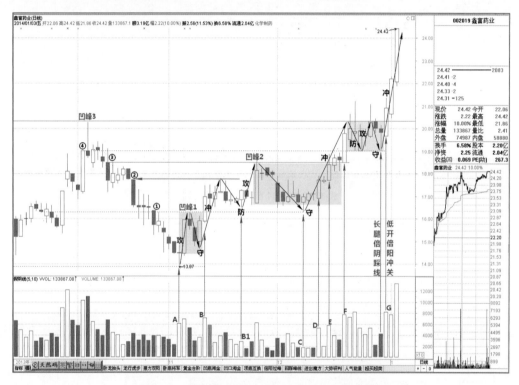

图 4-4　鑫富药业 2014 年 1 月 3 日周五留影

2014 年大盘一开局就连续大跌两天，而图 4-4 的"鑫富药业"却连续大涨两天，1 月 3 日悍然涨停。查看这两天的领涨板块，分别是"绿色照明"与"互联网"，与"药业板块"没有什么关联。为什么"鑫富药业"能涨停呢？其中，与"兵临城下"的涨停密码大有关系。

一般而言，主力"兵临城下"，肯定有所图谋。这只股票是如何逆市运送兵员的呢？图 4-4 中有三道"凹峰"组成的攻防线。

先看"凹峰 1"，它是①号大阴实顶的自然防线，A 柱"攻"到"凹峰 1"刚好触及①号大阴防线，迅即回"守"；然后用 B 柱"冲"过"凹峰 1"，刚好在触及②号大阴实顶线时回"防"；其回防线就是①号大阴防线。至此，完成了一轮标准的"攻守冲防"。

再看"凹峰2"，它是③号大阴实顶的自然防线，B1柱"攻"到"凹峰2"，刚好触及③号大阴防线，迅即回"守"②号大阴防线；然后从C柱开始向上运行，一鼓作气"冲"过③号大阴防线，触及"凹峰3"时回"防"。其回防线就是④号大阴防线。至此，完成了第二轮"攻守冲防"。

面对"凹峰3"的"攻守冲防"，和前两轮基本一样，读者可以从图示上自己找出其路径。请注意：图中的三处阴影框，就是"兵临城下"的集结区域。凡是在"大阴防线"主动回撤的庄家，就是"兵临城下"的高手。因为他们知道"大阴防线"是空方的堡垒，第一次很难攻破，于是他们虚晃一枪，掉头就跑，其实已将兵员暗藏于"大阴防线"的下方，下次一旦"兵临城下"，两路人马合力上攻，空方便全线崩溃了。

现在，请回头再看看图4-4，只看"攻守冲防"的箭头和"兵临城下"的阴影框，你就能感受到庄家在股票市场上那种调兵遣将、厮杀呼号的场景。

第五章

接力双阳　后市看涨

2012 年 1 月 30 日（周一），是春节后的第一个交易日，A 股市场节后一开门，就给了人们一个长达 34 点的阴棒。就在这令人沮丧的一天，作者在收评中发布了"接力小双阳涨停趋势预报"，预测其涨停趋势将延续 5 ~ 8 天，同时预报了 15 只"接力小双阳"的股票请大家验证。

预报后的第二天（1 月 31 日周二）：大盘低开，收了个阳十字星，然而 ST 股票一马当先，成为两市领涨龙头。收盘后仔细查看，涨停的股票都是清一色的"接力小双阳"形态，其中，竟有 37 只 ST 股票涨停，占两市 127 只 ST 股票中的 29.1%，差一点高达 1/3 大面积的涨停。

预报后的第三天（2 月 1 日周三）：大盘平开，然后大跌 25 点，两市总共只有 6 只正股涨停，其中有 5 只是"接力小双阳"；两市另有 14 只 ST 股涨停，其中有 12 只属于"接力小双阳"。

预报后的第四天（2 月 2 日周四）：大盘高开高走大涨 44 点，两市共有 13 只正股涨停，其中又有 11 只属于"接力小双阳"涨停形态。

预报后的第五天（2 月 3 日周五）：上证低开高走，上涨 17 点，两市共有 26 只正股涨停，其中"接力小双阳"形态占 22 只；另有 33 只 ST 股票涨停，属于"接力小双阳"形态的占 27 只。

为什么"接力双阳"的股票会有如此神奇的效果呢？

第一节　接力双阳的典型特征（ST 万鸿）

所谓"接力双阳"，就是由一左一右两个阳柱，通过一条精准线衔接起来，形成牵手接力态势，由于它们往往处于股价的阶段性底部，阳柱形态小巧隐蔽，其全称应该是"底部接力小双阳"。

如图 5-1 "ST 万鸿 2012 年 1 月 31 日留影"。"接力小双阳"具备如下特点。

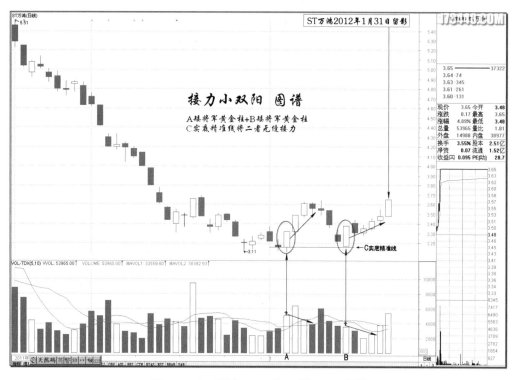

图 5-1　ST 万鸿 2012 年 1 月 31 日留影

第一，从价柱上看，"小双阳"由左右对称的两个价柱（A、B）组成，它们活像"两只眼睛"，夹着一条精准线（C），一旦机会成熟（3～8 天），它就拔地而起，直冲涨停。

第二，从量柱上看，"小双阳"所对应的量柱一定是"小阳"，它"不起眼"，不引人注目，但却能"扭转乾坤"，这就是高明主力常用的"以弱掩强"手法。我们常说"小阳柱有大文章"，在"小双阳"里得到了充分体现。

第三，从质量上看，"左阳柱"往往具有"阳盖阴"或"阳并阴"的性质（量柱或价柱能够阳盖阴或阳平阴），或具有"长阳矮柱"的特征（长长的价柱对应着矮矮的量柱），但它的"右阳柱"必须是王牌柱，最好是黄金柱（详见清华大学出版社《伏击涨停》专著）。

第四，从组合上看，它们往往是"长阳矮柱"的组合，"左阳柱"和"右阳柱"或并肩而立，或参差有序，相隔 3～5 天的中间连着一条精准线（价柱上若干个价位几乎完全相等），这就形成了"两只眼睛一条线"的"接力小双阳"。

第五，从位置上看，"小双阳"往往处于股价走势的阶段性底部，价柱组合成"小W双底"建构，古人有"左牵黄，右擎苍，老夫聊发少年狂"的好诗，这里却有"左刹车，右换挡，老夫聊发少年狂"的形象。

第二节 接力双阳的基本原理（华东科技）

任何一只股票的涨停，都有其独特的"十月怀胎"过程，涨停只是其"一朝分娩"的结果。正因为从"十月怀胎"到"一朝分娩"有过程，有迹象，有规律，这就为我们提前观察并伏击即将涨停的股票提供了机会。"接力双阳"就是一种特殊涨停密码的集中体现。

如图5-2"华东科技2012年2月2日留影"。

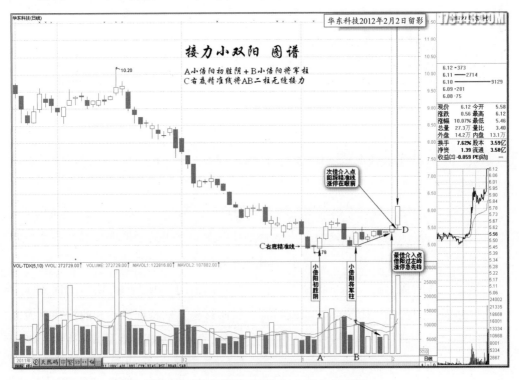

图5-2 华东科技2012年2月2日留影

从图中可见，"华东科技"自本轮顶部下跌以来，一泻千里，唯有A柱这根小倍阳扭转乾坤，犹如主力踩了"刹车"，跌势到此结束。当然，这个动作还含有"试探"的意图。

第一个小阳 A 之后，连续三天微增量拉升，最高点与其左侧的大阴柱基本持平，然后放量下跌一天，第二天的下跌突然缩量一倍，说明主力使用休克疗法探明了底部区间，于是用 B 柱的"小倍阳"上攻，轻松收复了两根阴柱的大半，底部特征更加明显。

第二个小阳柱 B 起什么作用呢？如果说 A 柱是"刹车"，B 柱就是"换挡"，通过 C 线一看，原来，B 柱握住了 A 柱递过来的接力棒 C，既是对 A 底的确认，又是对 B 底的夯实。由于它采用"价横量缩"的策略，一根不起眼的小倍阳轻轻松松摆脱了企图搭上顺风车的投资人。

图穷匕见，温和的"接力小双阳"终于在 D 处"加油"，直奔涨停。从"刹车"到"换挡"，从"换挡"到"加油"，两个小阳的搭配非常巧妙，非常自然，一切动作和意图都是那么隐秘，孕含的涨停基因相当丰富，如果散户不懂量柱、量线，不懂"接力双阳"的涨停密码，就会白白丢失这个涨停板。

第三节 接力双阳的提前发现（中国服装）

观察和发现"接力双阳"的方法非常简单。

第一步：寻找精准线。用"十字光标"在本波段的底部由下向上缓慢移动，一旦发现某价柱（明显的阳柱）的实底或虚底上出现了精准线，且精准线的两端对应着两个明显的"小阳"（比它周边的阳柱都大），这只股票就有可能是"接力小双阳"。

第二步：寻找小双阳。看这两个"小阳"对应的"量柱"是否温和，"左阳"至少应该是"阳盖阴"或"阳平阴"，最好是"长阳矮柱"；这时，一旦发现其"右阳"刚好是"将军价柱"或"黄金价柱"，这只股票七成是"接力双阳"。

第三步：分析小双阳。看"左阳"是否"刹车"结束了下跌行情，看"右阳"是否"换挡"开始了上升行情，一旦确认小双阳完成了"刹车"和"换挡"动作，并且依托精准线悄悄向上运行，"接力双阳"即可确认。

如图 5-3"中国服装 2012 年 2 月 1 日留影"。

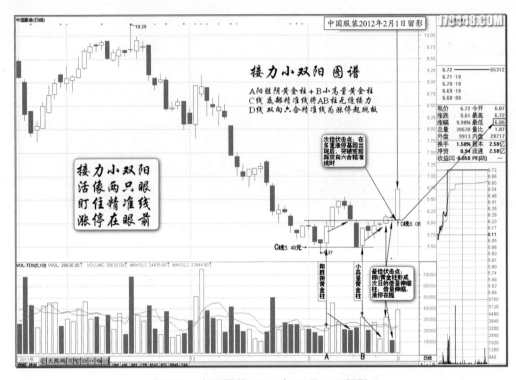

图 5-3　中国服装 2012 年 2 月 1 日留影

从图中可见：

A：量柱阳盖阴，价柱阳盖阴，"刹车"成功，且其后三天价柱逐步高，对应量柱逐步低，形成整体价升量缩之势，是黄金柱。其后两天长阴缩量下跌，呈长阴短柱状。

B：量柱阳盖阴，价柱步步高，"换挡"成功，且其后三天整体价升量缩，是典型的矮将军黄金柱。

C：精准线将 A、B 二柱的底部无缝接力，可见该股是标准的"接力双阳"建构。我们只要关注它黄金柱上方的 D 线，一旦突破就是介入机会（详见图 5-3 中标示的文字）。

第四节　接力双阳的伏击方法（神马股份）

按照"接力双阳"的基本特征和基本规律，我们就能提前发现"接力双阳"的股票，进而精准伏击"接力双阳"的股票。如何准确伏击呢？

请看图 5-4 "神马股份 2012 年 2 月 3 日留影"。

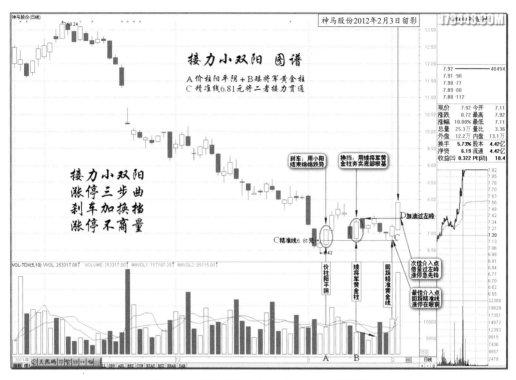

图 5-4　神马股份 2012 年 2 月 3 日留影

由图可见，"神马股份"自本波段顶部下跌以来，可以说是沿途放量下跌，几乎没有一根阳柱能阻挡其下跌趋势，但是，在 A 处一根小小的"长阳矮柱"就改变了整个下跌格局，刹车有效。

此后放量拉升 3 天，但是不过其左侧的大阴实顶，突然跳空下跌，缩量不破 A 底，可见是假跌，为"换挡"创造了条件，于是 B 处又来一根"长阳矮柱"，轻松盖过其左侧的跳空缩量阴柱，然后横盘三天，平均收盘价与 B 柱持平，孕育了一根"不起眼"的矮将军黄金柱，形成一个典型的"卧底矮将军"，换挡成功。

换挡成功后，连续两天打压，但是最低点不破 B 柱的最低点，至 C 柱小倍阳盖阴，最低点与 B 柱最低点差 1 分钱形成底部精准黄金线，这就是"回踩黄金线，涨停在眼前"的最佳介入点。若是错过了最佳介入点，在 D 线大阴实顶左右都是次佳介入点，即"倍量过左峰，涨停急先锋"。

由此可见，接力双阳的"涨停三步曲"是：刹车加换挡，小阳接小阳，守住精准线，涨停不商量。

记住一个窍门：在"刹车"和"换挡"之后回踩精准线，往往一"加油"就是涨停板。

第五节　接力双阳的后劲研判（ST 黑化）

在操作中，仅仅知道"接力双阳"的介入方法还不行，还要对其后势和后劲有所研判，选择最有发展前景的股票予以伏击。

请看图 5-5 "ST 黑化 2012 年 2 月 3 日早盘留影"。

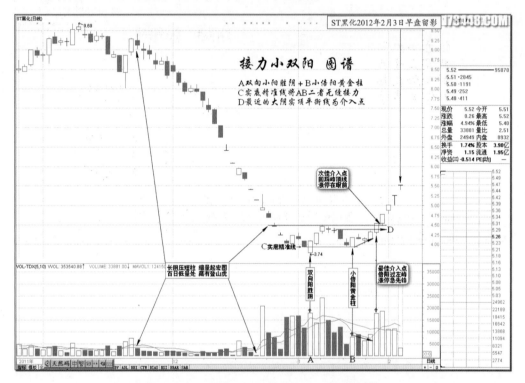

图 5-5　ST 黑化 2012 年 2 月 3 日早盘留影

"接力小双阳，乌鸡变凤凰"，何以见得？图 5-5 的"ST 黑化"就已具备了"变凤凰"的雏形。这是作者 2012 年 1 月 30 日截图预报的一只股票，从预报日至 2 月 3 日（周五）共 4 个交易日连续 4 个涨停板。关于它的发现方法和介入方法已在图 5-5 中标示，这里不再赘述，下面重点分析该股的后劲。

如图 5-5 所示，"ST 黑化"的左侧下跌途中，布满了"长阴短柱"和"百日低量柱"，可见该股主力在本波段的疯狂下跌是"主动的"，那么，它的上涨必然也是"主动的"；由此反观第四节的"神马股份"，它本轮的下跌则比较"被动"，因为下跌途中布满了阴森森的"长阴长柱"，除非主力有回天之力，否则很难超过"ST 黑化"的后劲，因此，其涨幅必然逊色。

此外，研判后劲的最佳方法是看量柱与价柱的对应规律，"ST 黑化"连续四天的上涨，都是缩量涨停，2012 年 2 月 3 日（周五）是缩倍量涨停，其后劲必然超乎常人的想象，这就是"量柱三先规律"给我们的启示。

第六节　接力双阳的性格分析（长方照明、佛山照明）

实践中，有些读者在使用量学的时候不会变通，习惯于用传统技术的条条框框来套当前的行情，所以当"接力双阳"发生一点点变化后，他们就不认识了。宋丹丹在一部小品中有句台词："换了马甲，我也认得。"股市上的庄家或主力经常换马甲，不同的庄家或主力，往往有不同的接力双阳。我们不能简单拘泥于上述案例的形态特征来认定接力双阳，而应该从基本规律入手，以基本特征为镜，去发现千变万化的接力双阳。

请看图 5-6 "长方照明 2013 年 12 月 18 日周三留影"。

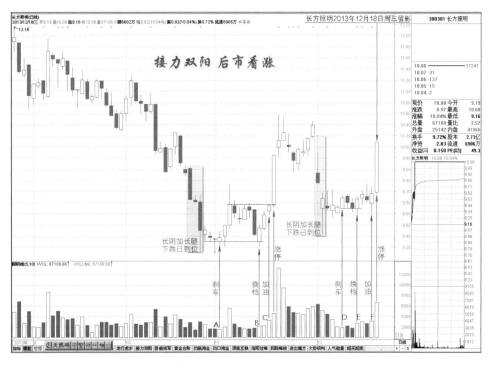

图 5-6　长方照明 2013 年 12 月 18 日周三留影

图中的两个阴影框，是"长阴加长腿，下跌已到位"的特征。下跌到位之后，有左右两组"接力双阳"。有同学认识左侧这一组"接力双阳"，因为其特征明显；但却不认识右侧的"接力双阳"，因为其特征模糊。

现在，我们把这两组"接力双阳"掰开来看，左侧的 A、B、C 是刹车、换挡、加油，右侧的 D、E、F 也是。并且，右侧刹车、换挡、加油的间距非常近，但其上下幅度非常小，说明该主力压抑着飙升的冲动，一旦启动，其飙升的幅度肯定要大于左侧。这就是主力性格在"接力双阳"上的体现。

"长方照明"的主力显然属于那种狡庄。他们的两组"接力双阳"中的刹车和换挡动作，都是实底接实底。这种实底踩实底的接力，就是狡庄。那么，如果是实底踩实顶的接力，就是强庄了（其基本规律详见清华大学出版社的《伏击涨停》一书）。

请看图 5-7"佛山照明 2014 年 1 月 6 日周一留影"。

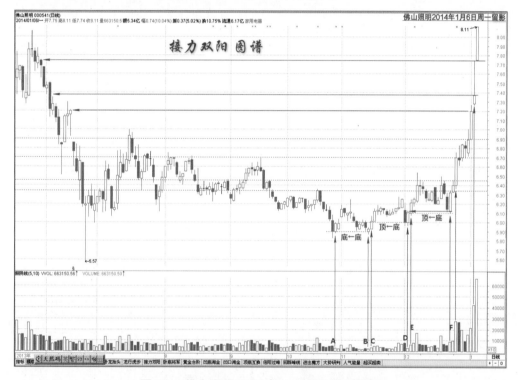

图 5-7　佛山照明 2014 年 1 月 6 日周一留影

从图中"佛山照明"的走势可以看出，其"接力双阳"的建构如下：

A 与 B：是"底←底"建构；

C 与 D：是"顶←底"建构；

D 与 F：是"顶←底"建构。

主要是右底踩左顶，顶底互换，所以是强庄。虽然该股从底部启动以来很少有涨停板，但是其强庄的走势比涨停还要好。一旦发现这样的强庄，就要留意了。特别是其第二组接力双阳的顶底互换之后，便可择机介入。其最佳介入点当属 F 这个"长阳矮柱"。因为 F 柱是第二次确认强庄的位置。

第六章
双阴进出　攻防有度

许多投资人常常抱怨股市，认为股市没有规律、没有门道，完全靠运气。因为同样的形态、同样的特征，在同样的时点，可能有截然不同的做法，让人无所适从。

其实，股市是一个充满"对立统一"规律的辩证市场。因此，同样的形态、同样的特征，在同样的时点出现截然不同的做法恰好是规律的体现。例如"双阴出货"和"双阴入货"就是这样一组"对立统一"的特殊形态。

本章将以"双阴出货"和"双阴入货"为例，探索股市的辩证统一战法。

第一节　双阴出货的临界点（上证指数）

所谓"双阴出货"，就是在发现将要呈现连续两个阴柱的第一临界点出货。

这里说的"双阴"，应包括"低开高走的假阳柱"。如图 6-1 中的 G 柱和 H 柱，低开高走，收盘于昨日阴柱实底线下方，即假阳柱。

这里说的"临界点"，就是指左侧第一阳柱的实底。只要第一阴柱跌破左侧第一阳柱的实底时，如图 6-1 中的 B 柱和 M 柱，"阴克阳，快逃亡"。

若第一阴柱没有跌破左侧第一阳柱的实底，而第二阴柱跌破左侧第一阳柱实底时，也要出货，如图 6-1 中的 L 柱和 R 柱，阳底破，快出货。

请看图 6-1 "上证指数 2011 年 11 月 17 日至 2012 年 5 月 30 日双阴出货图"。

按照"双阴出货"的标准，对图 6-1 中所有的"双阴"做上标记，那么，图中就有 A ～ Q 共计 17 处"双阴"，这 17 处"双阴出货"，只有 I、J、K、O 等 4 处出货失误，其余都是正确的。为什么？这里有三个密码：

第一，凡是下降途中的双阴出货，全部正确（如 A、B、C、D）；

第二，凡是横盘途中的双阴出货，部分正确（如 E、F、H、I）；

第三，凡是上升途中的双阴出货，都不正确（如 I、J、K、O）。

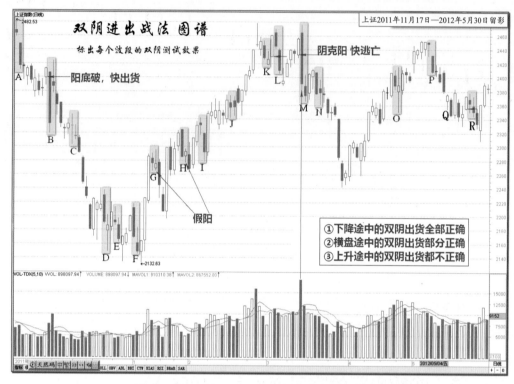

图 6-1　上证指数 2011 年 11 月 17 日至 2012 年 5 月 30 日双阴出货图

掌握了以上三个密码，"双阴出货"就有了明确的标准，即在第二根阴柱有效跌破第一根阴柱的收盘价时（包括持平时），立即盘中出货。这是非常简单、非常直观、非常有效的出货技法。

根据上述标准，现在给上证指数 2009 年 12 月 4 日至 2010 年 6 月 18 日的全部走势标注"双阴出货线"，从中可发现一个惊人的事实，只要是符合上述条件的"双阴"，及时出货都是对的。

看图 6-2"上证指数 2009 年 12 月 4 日至 2010 年 6 月 18 日双阴出货示意图"。

图 6-2 中有 A～N 共 13 处符合条件的出货点，这 13 个出货点只有 F 点一处是例外，其他都是正确的且精准的，其成功与失败之比是 12∶1。如果结合"大阴出货技术"，可以做到万无一失。大家可以在自己的电脑上找到这些点位，仔细体会其中的奥秘。

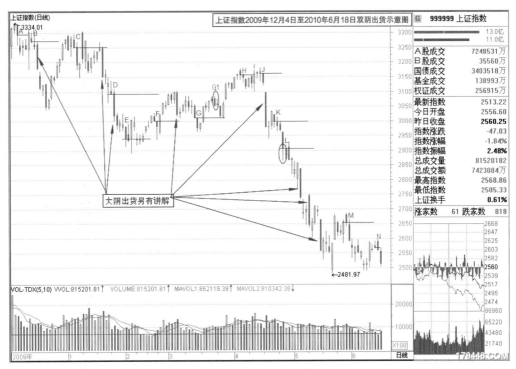

图6-2　上证指数 2009 年 12 月 4 日至 2010 年 6 月 18 日双阴出货示意图

第二节　怎样做好双阴出货（上证分时）

结合图 6-2，笔者总结了如下经验。

A 点：2009 年 12 月 9 日，比前一天最低点低开 38 点，当天的最高点也未能与前一天收盘位持平，所以，一旦在最高位掉头向下跌破中线（即前一天收盘位），就是出货点。

B 点：2009 年 12 月 16 日，比前一天收盘价低开 19 点，其最高点虽然上攻 3299 点，但其回落至前一天收盘价时保平无望，一旦跌破中线，也是出货点。

C 点：2010 年 1 月 7 日，平开，稍过前一天收盘价即回落，连续两波上攻均未能突破前一天收盘位（当日中线），最迟应该在第二波上攻乏力时出货。

D 点：2010 年 1 月 26 日，稍稍高开即一路下滑，始终没有冲过前一天收盘位（当日中线）。

再看图 6-3 "上证 2010 年 1 月 26 日分时图"。

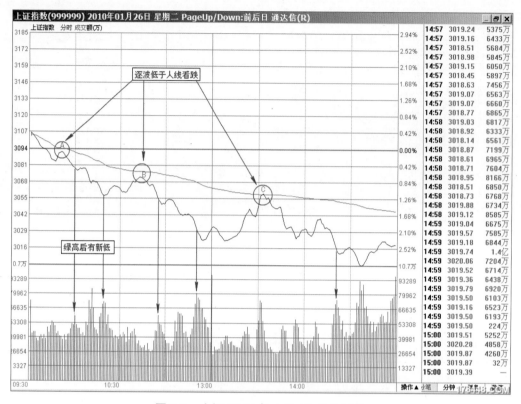

图 6-3　上证 2010 年 1 月 26 日分时图

图中有 A、B、C 三个高点，都在中线下方，A、B 两点都难以触及人线，正确的操盘手法应该在 A 点后的第一个绿峰出货，因为"绿高后有新低"；若 A 点没有出货，在 B 点后的第一绿峰又该出货，还是因为"绿高后有新低"；若 B 点未能出货，在 C 点触及人线回落后出货。可见"触线见好就收"的要诀，在分时量波中也能帮助我们及时出货。

"双阴出货"定点，"绿高出货"定时，二者结合，即使不能出在最高点，也能出在次高点。这就是"双阴战法"的"双重保险"。

第三节　个股经典双阴出货（白云山）

个股的"双阴出货"比大盘要复杂一点，但基本规律是一样的。正如诸葛亮所言"术者道之表，道者术之源"，只要认识到"双阴出货"的基本原理和基本方法，大家都会乐意实践的。

如图6-4"白云山2009年11月20日至2010年6月18日双阴出货示意图"。

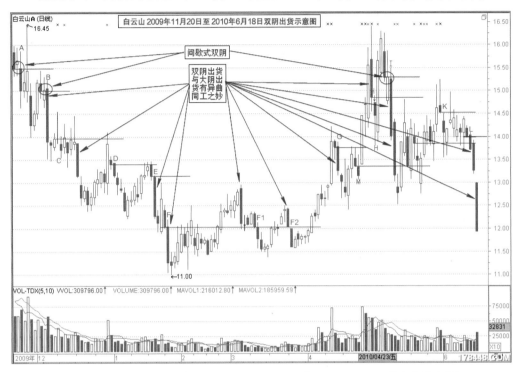

图6-4　白云山2009年11月20日至2010年6月18日双阴出货示意图

如前所述标准，给图6-4标注了A～M这13个出货点，从中可以发现，这13个出货点，只有M点一个位置出货失误，正确与错误之比为12∶1，且每次的出货非常及时、非常到位，这样的出货技法，可以说非常精准了。从大盘和个股的分析可以知道，"双阴出货"的得失之比都是12∶1，碰到这样的"双阴"，一定要出货，即使出错了也应该出。因为出现这个错误的概率不到1/10。

值得强调的是，本例有如下三个新特点。

第一，A、B、I这3处不是"连续双阴"，而是"隔日双阴"，其双阴夹着的这条阳线，是"假阳真阴"，最高点和最低点都低于前一天，三者呈"重心下移"状，其实质是"连续三阴"。

第二，A、B、E、F、G、H、I这7处的"连续双阴"自然形成了"大阴"，这就是"双阴出货与大阴出货的不谋而合"，的确有"异曲同工之妙"。在没有讲解"大阴出货"之前，可以把"双阴"理解为"大阴"。"大阴"应该出货，"双阴出货"也就不言而喻了。记住：这里所说的"大阴出货"与"长阴短柱"有截然区别，初学者可以结合《量线捉涨停》中关于"长阴短柱"的论述，理解其本质区别。

第三，"双阴出货"与"盘前预报"。"白云山"是作者4月14日盘前预报的一只股票，也是预报失误的一只股票。当时，因为前一天（4 月 13 日）倍量过左峰，笔者就在 4 月 14 日发布了盘前预报，当日竞价高开，开盘却低于前一天收盘价（中线），只是在 9：59 一瞬间过了中线，然后远离中线游荡，且分时高点逐次降低，这样的股票，即使预报了也不能介入；如果介入了，次日（G点）形成"双阴出货信号"时，就要及时出货，可以在第二次过左峰（M 点的次日）时再次介入。

"峰顶线上若遇阻，平顶不过双阴出"，这是笔者对"双阴出货"战法的总结。关于"双阴出货战法"的具体使用，可以参见如下连接：

双阴出货技术妙用：http：//www.178448.cn/viewthread.php?tid=137004；

怎样用好双阴出货：http：//www.178448.cn/viewthread.php?tid=139421；

双阴出货线的设定：http：//www.178448.cn/viewthread.php?tid=137406；

双阴出货后的战术：http：//www.178448.cn/viewthread.php?tid=137456。

大家可以多看这些文章，从规律上把握"双阴出货"的本质。

第四节　双阴入货的辩证法（三峡水利、华中数控）

同样是"双阴"，为什么有时要"出货"，有时却要"入货"呢？

这就是炒股的辩证法。

来看图 6-5"三峡水利 2011 年 2 月 23 日留影"。

"三峡水利"是 2011 年 1 月 10 日（图中 H 柱）盘前预报的一只股票，图中 A、B、D 属于"双阴洗盘"的变异即"连阴洗盘"；图中 E、F、H 是经典的"双阴洗盘"。纵观图中每组阴线的最低点都对应着它左侧的实底。从 H 柱开始，8 天内出现两次双阴组合。

第一组双阴见图中 H 处，是 7 个小阳后连续两个小阴，其双阴的底部精准对应左侧实底，预报后次日大涨 5.84%；

4 天后，该股出现第二组双阴（F 处），双阴的最低点刚好回踩前面的矮将军黄金线，F 处双阴的次日单阳盖阴，单日大涨 6.25%，此后逐步进入主升浪。

图中这 6 组双阴组合（含连阴），是非常典型的"双阴洗盘"形态：

第一，它们都出现在上升趋势中（底部抬高）；

第二，双阴后面都是阳盖阴走势（单阳盖阴、双阳盖阴）；

第三，双阴的最低点都受到左侧攻防线的支撑。

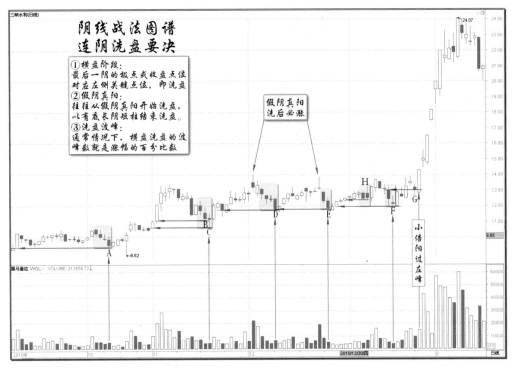

图 6-5　三峡水利 2011 年 2 月 23 日留影

这三个特征是不是所有"双阴洗盘"的特征呢？用上例发生当天的 10 个涨停案例对比研究后，结论是肯定的。

下面再来看一个案例，见图 6-6 "华中数控 2012 年 5 月 31 日留影"。

"华中数控"是 2012 年 4 月 25 日（周三）盘前预报的一只股票，这是一只弱于大盘走势的股票。但是它的走势非常稳重。

图 6-6 中有 A～J 这 10 处双阴，其中 C～G 可以合并为一个"连阴洗盘"。仔细查看，所有双阴洗盘后的次日都是单阳盖阴（或单阳平阴），所有双阴洗盘的最低点都是回踩左侧攻防线，其中 G、F、E、J 都是精准回踩黄金线。最精彩的是 G、H、J 这 3 处精准回踩后涨幅惊人。值得探讨的是 C～G 的"连阴洗盘"，几乎每两天回踩一次精准线，计划性非常周密，幅度拿捏得也非常精准。一旦碰到这样精准的有序下跌，无论"双阴"还是"连阴"的极点，都是值得重视的。通过上述案例，我们可以得出如下结论：

第一，"双阴洗盘"必须是在上升通道中；

第二，"双阴洗盘"必须是回踩攻防线的；

第三，"双阴洗盘"之后必须有"阳盖阴"确认。

离开了上述三个要素，"双阴洗盘"就可能变成"双阴下跌"。

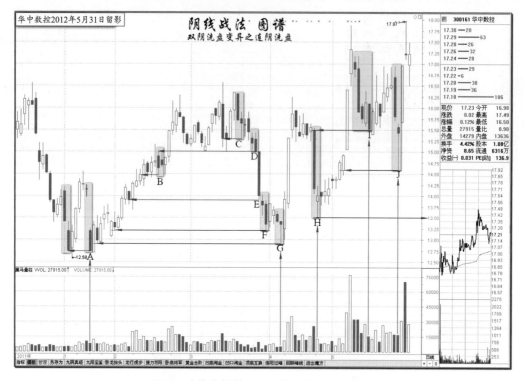

图 6-6　华中数控 2012 年 5 月 31 日留影

第五节　实战辩证双阴出入（国恒铁路）

双阴出货与双阴入货是辩证的，一旦处理不好，就会错失良机。

这里有一个真实的、惊险的故事，它发生在 2012 年 5 月 23 日（周三）。特训班有位同学按照他学过的阴线战法，于同年 5 月 18 日（周五）成功买到了一只股票，而且是重仓。

第二天（5 月 21 日周一）该股逆市涨停，三倍阳 T 型封停，显然有望新高。

第三天（5 月 22 日周二）大盘普涨，该股却几乎逆市跌停。这是怎么了？

第四天（5 月 23 日周三）大盘小跌，该股却跳空大跌，差点吞食全部利润。

这种"过山车"式的大起大落，的确让人难以承受，恰好该同学次日要出差，他问王子该怎么办？王子为难极了。

现在再来看看这只股票（见图6-7）"某股2012年5月23日留影"。

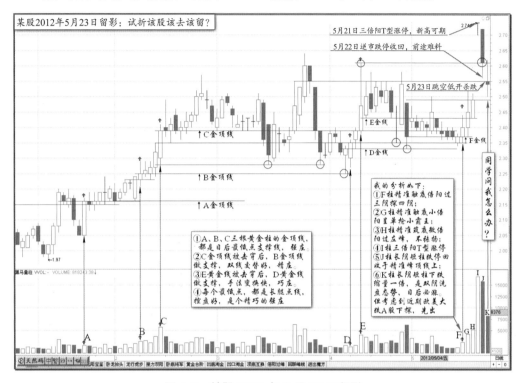

图 6-7 某股 2012 年 5 月 23 日留影

图6-7是作者近期跟踪的一只股票，从量柱量线图上看，这是一只非常不错的股票。全屏有A～F共6根黄金柱。最有意思的是，左边的A、B、C和右边的D、E、F形成了两组自然的攻防组合。

先看左边A、B、C这3根黄金柱的金顶线，都是日后最低点的支撑线，即"踩着头部"向上行，显然这是个强庄。

再看右侧D、E、F这3根黄金柱的金腰线，都是日后最低点的支撑线，即"踩着腰部"向上行，显然这是个精庄。

令人吃惊的是，右侧的3根黄金线，都是上线被击穿，下线撑着上，即"双线交替"向上行，显然这是个巧庄。

从性格上看，这是个精明灵巧的强庄。那么，它为什么要在2012年5月22日大势向好时逆市跌停呢？它又为什么在5月23日大盘微跌时却跳空大跌呢？

从形式上看，这5月22日和23日的两根长阴短柱，明显是"双阴洗盘"的动作，而且当时欧美股市大跌，A股天天向下，该股又岂能独善其身？

51

从技术层面上讲，这是一只好股，值得持有；但是，从当时欧美股市风雨飘摇，国内股市连创新低的形势上看，又不宜恋战。

从量柱量线的角度来考量，这只股票从 F 柱开始，连续 6 根量柱就有 6 个涨停基因，凡是涨停基因密集呈现时，都是"一朝分娩"的前兆，难道这只股票要逆市腾飞？难道这只股票要创造奇迹？

2012 年 5 月 24 日（周四），大盘跳空低开下行，出乎意料的是这只股票却逆市跳空高开上行，看它踩着精准线开盘，作者意识到自己判断失误，该股要飙升了！

2012 年 5 月 25 日（周五），在大势再创新低的时候，这只股票真的发飙了，午前逆市涨停，全天封死涨停板。

如图 6-8 所示，这只股票为"国恒铁路"。

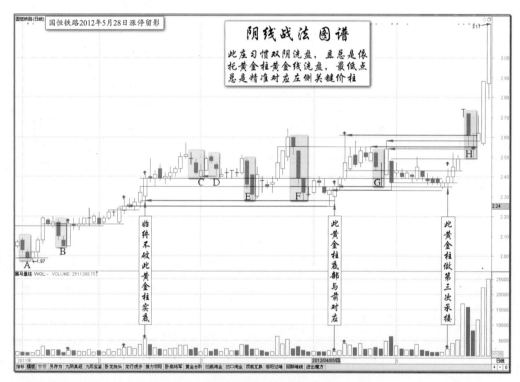

图 6-8　国恒铁路 2012 年 5 月 28 日留影

先看 I 柱：2012 年 5 月 24 日（周四），大盘跳空低开下行，"国恒铁路"却跳空高开上行，亮出单枪小霸王。

再看 J 柱：2012 年 5 月 25 日（周五），欧美股市大跌，A 股平开低走大跌至 2327 点，该股却顺势低开高走，封于涨停，当日两市仅有 6 只股票涨停，该股是最早涨停的股票之一。

最后看 K 柱：2012 年 5 月 28 日（周一）该股再次封于涨停。

对"双阴出入"有以下小结。

第一，先出后入。"双阴"是指连续的两根阴线，包括低开高走的假阳线。"出货线"必须位于第一根阴线的收盘位，从第二天的分时图上看，就是中轴线。一旦跌破中轴线就应该出货。

第二，区分主次。即区别对待"主动撤退"与"被动撤退"。凡"低开低走"者一般是主动撤退，其跌幅一般较深；反之，若是"高开低走"，属于被动撤退，一般有自救行为，可随机介入。

第三，研判虚实。看双阴的最低价或收盘价是否对应左侧关键价位。若是对应左侧关键价位，就是"有底连阴"，反弹概率较大；反之，若是"无底连阴"，继续下跌概率较大。

"双阴返阳"的根本标志是"阳胜阴"，当双阴右侧的阳柱有效突破阴柱中线或阴柱实顶，就是介入良机；反之，当第二根阴线有效跌破第一根阴线的收盘价时（包括持平时），应立即盘中出货；一旦发现是"双阴洗盘"，应在股价突破第一阴柱中线时，择机介入。

学习了本讲内容，希望大家能用怀疑的眼光，尽量找些反面的例证来推翻"双阴出货"或"双阴入货"的理论。

只有经得起"反证"的理论，才是可靠的理论，才能让大家使用起来得心应手。这样才能促进和发展量学理论。

第七章
回踩精准　捷足先登

2013 年春节后开市的第一天，作者曾在盘前预报《严防倒春寒》中希望大家关注"回踩精准线"这类技术上日趋成熟的股票。

周一果然倒春寒，A 股小跌 11 点，两市共有 29 只股票涨停，竟有 21 只"回踩精准线"。

周二继续倒春寒，A 股大跌 38 点，两市共有 14 只股票涨停，全部都是"回踩精准线"。

周三倒春寒收敛，A 股小涨 14 点，两市共有 23 只股票涨停，全部都是"回踩精准线"。

周四倒春寒加剧，A 股狂跌 71 点，两市共有 12 只股票涨停，全部都是"回踩精准线"。

为什么在倒春寒的行情中，"回踩精准线"的股票却能大概率地涨停呢？这就是本章将要讲解的内容。

第一节　回踩精准线的基本原理（中国武夷）

"回踩精准线"是一套由涨停基因组合而成的涨停密码，它由"回踩"这个动作和"精准线"这个杠杆有机组合而成。所谓"精准线"，就是由三个以上的关键点位（或价位）精准重合而成的一条平衡线。如果精准线和黄金线重合，就是精准黄金线；如果精准线和峰谷线重合，就是精准峰谷线；重合的量线越多，精准线的价值就越高。

请看图 7-1"中国武夷 2013 年 2 月 21 日周四留影"。

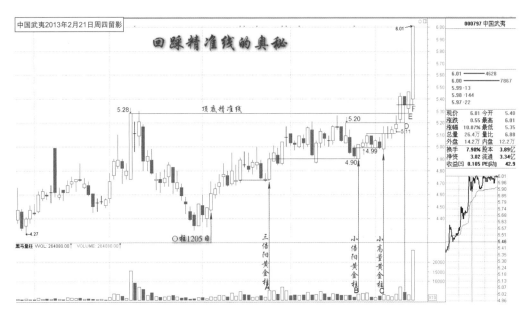

图 7-1 中国武夷 2013 年 2 月 21 日留影

受国家继续调控房地产新政影响，2013 年 2 月 21 日 A 股狂跌 71 点，创 15 个月以来单日最大跌幅，两市共有 123 只股票跌幅超过 5%，仅有 12 只股票涨停，"中国武夷"正好是房地产股票，它为什么能在房地产调控加码的风声中逆市涨停呢？

原因非常简单，就因为它是按照精准线的技术要求一步一步精准构建的。大盘从 1949 点反弹以来，两市多是大盘蓝筹领涨，带动许多跟风冒进的股票疯涨，而那些技术上成熟的庄家和主力，不被股指疯涨所诱惑，他们扎扎实实地、一步一个脚印地做着自己的股票。"中国武夷"就是埋头打基础、逆市称英豪的典范。

O 柱：即 2012 年 12 月 5 日，大盘狂涨 56 点，它却只是微涨 2.67%，其后的走势看起来非常疲软，但是却一步一个脚印，几乎步步精准，很少错过精准。

A 柱：三倍阳起柱，A 的实顶黄金线刚好与 B 次日的黄金底无缝重合，都是 4.90 元。

B 柱：小倍阳起柱，丝毫不张扬，其后在 B 柱的虚底黄金线 4.99 元上连续 4 个精准重合。

C 柱：小高量黄金柱，实顶黄金线精准左支右撑，4 个 5.11 元精准重合。

D 柱：长腿缩量回踩 5.20 元左峰，三点精准重合，完成了精准顶底互换。

如果是一般人来做这个庄家或主力，往往会在第二天 E 柱直奔涨停而去，但是，这个庄家比一般人要高明，他在 E 柱不是涨停，而是低开低走，精准回踩 11 月 8 日的 5.28 元实顶峰顶线，夯实了，然后缓慢爬升，做了一根几乎缩量一倍的漂亮的长阳矮柱 E。

达到 E 柱，理应可以拉升了，但是，这个庄家却于 E 柱的次日 F 柱即 2013 年 2 月 21 日（周四），又来了一个低开低走，精准回踩前天 D 柱的阴线实底，再次挤出浮筹，然后三波拉升，直到涨停。

回看整个过程，从 B 柱开始，几乎每天都在"回踩精准线"。这样的庄家或主力做盘，完全不看大盘的"脸色"行事，该拉就拉，该打就打，一切以精准线为中心。他为什么能如此操作？因为他控盘到位。

第二节　回踩精准线的涨停奥秘（联环药业）

是不是所有"回踩精准线"的股票都能"逆市拔地起"呢？肯定不是。

第一，"精准"是有条件的，黄金线上的"精准"才是有效的精准，如图 7-1 中的 A、B、C 这 3 处；"重合"也是有条件的，"重合"不等于"谋合"，有些股票表面上看它有许多"重合"，但是"谋合"才具有真正的价值，如本例中的 D、E、F 这 3 处。

第二，和量柱一样，身兼数职的量柱才是有价值的量柱；精准线也要身兼数职，才是有价值的精准线。如"中国武夷"的 A～B 柱之间是一条什么精准线？它既是金顶线，又是金底线，又是峰谷线，又是黄金线，多重元素把它打造成了一条"精准金顶黄金峰谷线"，身兼五职。这样高质量的精准线生成涨停密码之后，此后凌厉的攻势就顺理成章了。

第三，除了"回踩精准线"之外，还有其他涨停基因的配合，使之形成多基因共振，才能有效扬起涨停的风帆。"中国武夷"之所以能在大盘大跌 70 多点的这一天逆市涨停，A、B、C 这 3 个小小的量柱，和这 3 个量柱前后小小的"百日低量群"有很大的关系。

纵观 2013 年 2 月中旬的两市涨停榜，凡是这几天逆市涨停的股票，都有一个共性，那就是基础扎实，基因密集。

如图 7-2"联环药业 2013 年 2 月 19 日周二留影"所示。

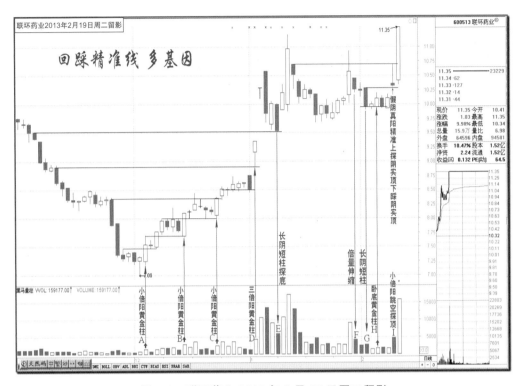

图 7-2 联环药业 2013 年 2 月 19 日周二留影

由图 7-2 可见，从 A 到 D，4 个黄金柱都是小倍阳，步步登高却不张扬。基础打好之后，连续两个跳空涨停，然后连续三阴洗盘，两阴中间的阳柱，其实是低开高走未过前阴中线位的假阳柱，E 柱长阴短柱探底洗盘。从 E 柱之后，所有的下跌都不破 E 柱实底精准线。

最精彩的操作从 F 柱的倍量伸缩开始，涨停基因密集呈现如下：

G 柱：长阴短柱，缩量洗盘，最低点成了日后精准防守底线。

H 柱：二平量筑底，连续 4 天出现回踩精准线的低量柱。

I 柱：假阴真阳大显身手，先是精准上探左阴实顶，同时又精准下探左阴实顶，一柱双向精准，又是身兼数职。

最后这根大阳，高开低走，精准回踩 I 柱的开盘价，然后急速拉升，刚好在 I 柱的最高点进行半小时盘中洗盘，于当日早盘 10：30 封死涨停板。

这就是以精准线为纽带，串起众多涨停基因，完成了逆市涨停的基因协奏曲。

第三节　回踩精准线的伏击方法（中航三鑫）

任何一只股票的涨停都不是完全没有征兆的。怎样才能发现一只股票要涨停呢？

当一只股票被庄家或主力控盘之后，其量柱形态的表现往往是"文静"而"羞涩"的，步履稳重且举止轻润。图7-1中的"中国武夷"，从O到D，低量养晦，风平浪静；图7-2中的"联环药业"，从A到D，小量平行，波澜不惊。这都是股票涨停前的征兆。对于这样的股票，就要留意了。要关心她，爱护她，因为一旦条件成熟，她随时都有"一朝分娩"的可能。

如图7-3"中航三鑫2013年2月21日周四留影"。

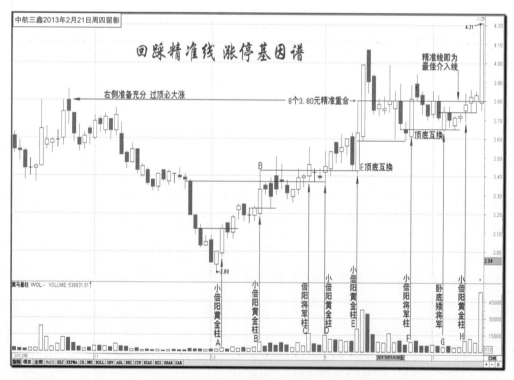

图7-3　中航三鑫2013年2月21日周四留影

图7-3的"中航三鑫"和第一、二节所讲的两只股票一样，从A到H，都是小倍阳筑底，除了E处稍有大动作之外，其余的量柱都是小动作，生怕"怀中宝贝"被人察觉，也生怕"怀中宝贝"意外流产。所以庄家的每个动作都很精细，从A到E，

每隔一周都要用精准线来检验一下"怀中宝贝"的健康状况。从 G 到 H，间隔仅有 3 天，且几乎天天都是回踩精准线。这说明了什么？这明确告诉我们，庄家的"怀中宝贝"即将"分娩"。

回看前面两只股票，也是这种情况：

"怀孕阶段"，对精准线的回踩比较稀疏；

"分娩前夕"，对精准线的回踩比较密集。

掌握了上述窍门，我们发现和擒拿"回踩精准线"的股票就有了可靠的前提：

第一，要关注连续出现小倍阳的股票；

第二，要关注连续出现精准线的股票；

第三，要关注连续回踩精准线的股票。

一旦回踩的频率加快，"分娩"就临近。对于这类股票，最佳的伏击位置，往往就在涨停基因最密集呈现的阶段，或者是连续 3 ～ 5 个涨停基因密集时，即回踩精准线最密集的那条线附近。

请看图 7-3 中标示的 8 个 3.80 元精准线；

请看图 7-2 中 H 柱黄金底线；

请看图 7-1 中 C 柱的黄金顶线。

"回踩精准线"只是前奏，一旦发现其有"抬头"的动作，才是"分娩"的最佳时机。前面三个案例的"抬头"都很清楚，这里就不赘述了。

第四节　回踩精准线的涨停密码（恒星科技）

经常有读者问我：你们选出的回踩精准线的股票经常涨停，我选的回踩精准线的股票为什么不能涨停？

其实，道理非常简单。凡是"谋合"的回踩精准线，容易涨停；凡是"巧合"的回踩精准线，不易涨停。如何区别"谋合"与"巧合"呢？

请看图 7-4"恒星科技 2020 年 9 月 30 日国庆双节前留影"。

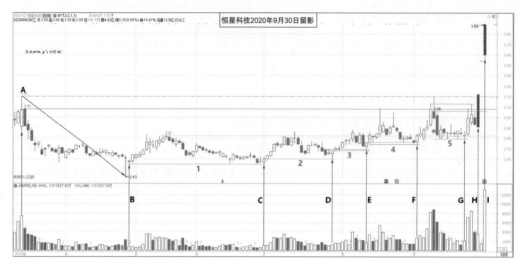

图 7-4　恒星科技 2020 年 9 月 30 日国庆双节前留影

图 7-4 的"恒星科技",是我们量学基训班的同学们在 E 柱次日选出的一只股票。他们为什么要在 E 柱次日选出这只股票呢?

首先,请看 A 柱次日的下跌,缩量三一,根据量学选股原则,跌得好的才能涨得好,所以选了它。

该股从 B 柱止跌,此后,每一处的下跌,最低点都是精准对应其左侧的关键点位。

C 柱的最低点精准对应 B 柱的最低点;

D 柱的最低点精准对应 C 柱的实顶位;

E 柱的最低点精准对应 D 柱左侧大阴实顶。

这三处精准对应点,都是黄金柱,最低点与黄金柱的结合,就形成了黄金线。

如果一两次精准地对应某个点位,可能是巧合;如果连续三次精准对应,而且是有规律地对应,那就是谋合了。

看懂了"三级 + 抬高 + 精准 + 回踩 + 黄金线"这五个要素组成的涨停密码,所以在 E 柱次日介入就理所当然了。

介入后,又形成逐级抬高的两级黄金台阶,总共有 5 级黄金台阶,H 柱缩量过 A 柱虚顶线,主力的得意之情跃然图上。接下来,次日一字板,第二天再度涨停,三连板喜迎国庆双节,成为当前两市唯一的龙头牛股!

在此强调:单一的涨停密码毫无用处,只有多个涨停基因的有机组合,形成一组密切关联的涨停密码,才是有用的。

第八章
假阴真阳　黄金万两

所谓"假阴真阳"，特指那些在价柱图上显示的是"阴柱"，而实际"成交均价"却高于上一日收盘价的"阳柱"。也就是说，这些价柱的外部形态是阴的，而实际价位却是阳的。显然，这是一种"外阴内阳、以阴遮阳"的特殊价柱。发现和运用"假阴真阳"，是量学对现代股市理论的又一重大贡献。

第一节　显性的假阴真阳（上海物贸）

显性"假阴真阳"的特征是高开低走的、今日收盘价明显高于昨日收盘价的"假阴真阳"。请看图 8-1"上海物贸 2013 年 9 月 24 日留影"。

图中有 A、B、C、D 这 4 个"假阴真阳"，其特征都是"高开低走的、今日收盘价明显高于昨日收盘价的假阴真阳"。其中：

A 柱：向上跳空，高开低走，收阴锤头，其最低点高于上一日收盘价，显然是"假阴真阳"，次日出现涨停；

B 柱：向上跳空，高开低走，收阴十字，其最低点高于上一日收盘价，显然是"假阴真阳"，第四天出现涨停；

C 柱：向上跳空，高开低走，收阴十字，其最低点高于上一日收盘价，显然是"假阴真阳"，次日出现涨停；

D 柱：向上跳空，高开低走，收阴锤头，其收盘价高于上一日收盘价，显然还是"假阴真阳"，第四天出现涨停。

以上 4 种"假阴真阳"的特点是：其后 1 ～ 4 天内出现涨停。我们的伏击点可以选择在次日或次日后过假阴实顶处。

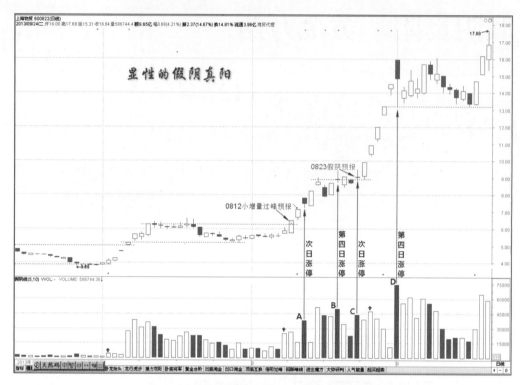

图 8-1　上海物贸 2013 年 9 月 24 日留影

第二节　隐性的假阴真阳（航空动力）

隐性的"假阴真阳"的特征是高开低走的、今日全天的交易均价高于昨日收盘价的"假阴真阳"。如图 8-2 所示"航空动力 2013 年 1 月 22 日周二留影"。

图 8-2 中加阴影框的 A ～ G 这 7 根价柱，都是属于"假阴真阳"的范畴，但它们却有所不同。

其中，A、B、D、F 这 4 根价柱是高开低走的，其收盘价高于昨日收盘价的"显性的假阴真阳"；

其中，C、E、G 这 3 根价柱也是高开低走的，但却是今日成交均价高于昨日收盘价的"隐性的假阴真阳"。

对于"显性的假阴真阳"，大家容易理解和把握；而对于"隐性的假阴真阳"，由于其"今日成交均价高于昨日收盘价"，往往需要通过统计计算，一般读者难以把握。这里告诉大家一个简单方法，就是用分时量波来识别。

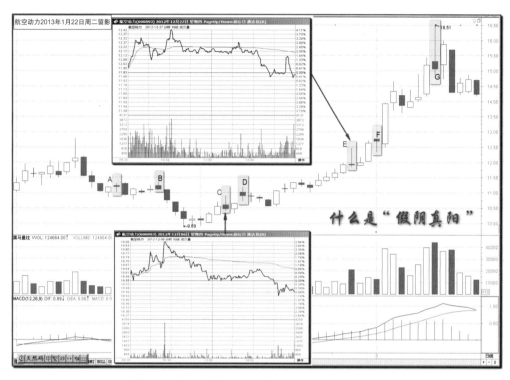

图 8-2 航空动力 2013 年 1 月 22 日周二留影

先看图 8-2 下方矩形图中"C 柱的分时小图",其量波全天都在上一日收盘价(今日零轴)上方运行,只是最后 30 分钟稍稍跌破了上一日收盘价,且其跌破时的成交量很小。显然,其今日成交均价肯定高于昨日收盘价,那么,这个 C 柱就是"隐性的假阴真阳"。

再看图 8-2 上方矩形图中"E 柱的分时小图",其量波也是全天都在上一日收盘价上方运行,只是最后 5 分钟跌破上一日收盘价,其今日成交均价高于昨日收盘价。显然,这个 E 柱也是"隐性的假阴真阳"。

关于 G 柱,大家可以试用"分时量波"解剖一下,情况也是如此。所以,**量学理论**把分时量波叫作"量柱解剖刀",无论多么狡猾的庄家或主力,只要他"做假",我们通过"分时量波"就能"求真"。

第三节 假阴真阳的魅力(海南橡胶)

2013 年国庆期间,应北京电视台邀请,作者去做了三期股票节目。根据演讲内容,作者于 2013 年 9 月 27 日和 30 日筛选了"海南橡胶"等 9 只股票分成 3 组,分别截图做成 3 期节目的 PPT 交电视台去做前期制作，并在股海明灯论坛上发布了预报。

在 7 天的假期中，国内外有诸多因素影响和干扰着股市的运行。当时已知的最大利空有"美国政府关门"、大宗商品价格下滑、黄金价格下滑、亚太股市下滑等消息。

国庆节后 10 月 8 日开市，至 10 月 14 日，5 个交易日内这 9 只股票竟然先后走出了 16 个涨停板，一时在全国引起轩然大波，被传为股市奇谈。这 9 只股票为什么涨得这么好呢？这就是"假阴真阳"的魅力。

来看图 8-3 "海南橡胶 2013 年 10 月 16 日周三留影"。

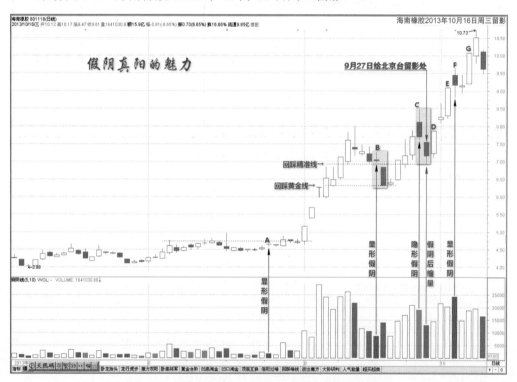

图 8-3 海南橡胶 2013 年 10 月 16 日周三留影

图 8-3 中有 A、B、C、F 共 4 个假阴真阳。

先看 A 柱，是"显性假阴真阳"，次日平开平走，第二天小阳过左峰，横盘两天后连拉 3 个涨停板，此后横盘两天后又是一个涨停板。

再看 B 柱，是"隐显性假阴真阳"，次日向下跳空，低开低走跌停，但其最低点精准回踩左侧缩量小阳底部平衡线，次日收十字星，透露了连阴洗盘的阴谋，果然在 B 柱这个"假阴真阳"后第三天涨停。

再看 C 柱，是"隐性假阴真阳"，次日（即 2013 年 9 月 27 日周五）跳空低开，缩量三分之一，回踩左侧精准线，与 B 柱次日的情形十分相近，作者当天留影给北京台制作讲座 PPT，并在股海明灯论坛发布了预报。预报后的第一天即 9 月 30 日周一涨停（见 D 处）。国庆节开盘后，该股隔日涨停（见 E 处）。

再看 F 柱，是"显性假阴真阳"，次日低开，收十字星，实体未破 E 柱实顶，第二天略微高开，直奔涨停（见 G 处）。

作者为什么在 C 柱次日跳空低开的时候预报它呢？很简单，因为 B 柱与其次日的动作，和 C 柱与其次日的动作，几乎完全一样（详见图中的两个黄色方框），都是借助假阴制造的"双阴洗盘"，都是回踩精准线。相同的主力，相同的动作，必有相同的涨停。

从 A 柱开始，每个"假阴真阳"后面 1～5 天内都有涨停板，图 8-3 中的 4 个"假阴真阳"后面共走出 8 个涨停板，其中 A 柱后面走出 4 个涨停板。由此可见，"假阴真阳"的魅力非同一般。

第四节　习惯决定存在（太极股份）

许多网友表示对"（假阴真阳）伏击涨停"非常感兴趣，有的当场做试验。从大家做的股票来看，有的成功了，有的失败了。

为什么会有这种情况呢？因为，"假阴真阳"是一种比较怪异的涨停基因，它有时助涨，有时助跌，要想真正掌握这种基因，绝不是一蹴而就的事。我们在实践中发现，有些庄家或主力，根本不知道有"假阴真阳"这种技术的存在，他无意中走出一个"假阴真阳"，我们如果拿它当真，那就南辕北辙了。所以，识别"假阴真阳"的第一关，就是要看这个庄家会不会使用"假阴真阳"，既要看这只股票是否有"假阴真阳"的基因存在，还要看"假阴真阳"后面的走势是上升还是下跌。

请看图 8-4"太极股份 2013 年 10 月 10 日周四留影"。

图 8-4 中有没有"假阴真阳"呢？有！而且有 A～H 共计 8 个"假阴真阳"。这 8 个"假阴真阳"后面的走势如何呢？

A 柱次日上涨，然后横盘；

B 柱次日上涨，然后也是横盘；

C 柱第二天上涨，然后依然是横盘。

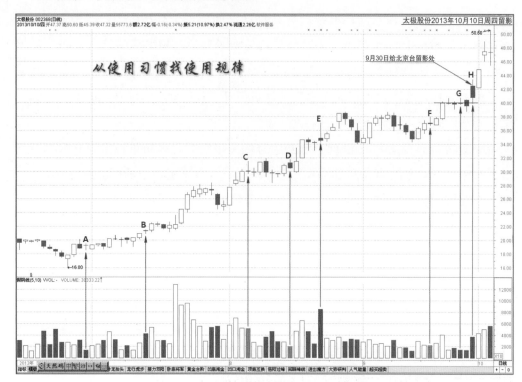

图 8-4　太极股份 2013 年 10 月 10 日周四留影

我们常说，事不过三。只要有三次同样的动作，就可以认定这个庄家有使用习惯了。习惯决定存在。也就是说，只要这只股票有"假阴真阳"基因存在，我们就可以放心观察和研究其后新出现的"假阴真阳"了。再看该股票此后的走势。

从 D 柱开始，每个"假阴真阳"后面都是大幅拉升的。作者就是在 G 柱（即 2013 年 9 月 26 日周四）发现庄家又做了个"假阴真阳"，于是预判其后市将会出现 D、E、F 三柱后面那样的大幅上升走势。谁知 G 柱次日却出了一个阴柱，仔细一看，是缩量回踩左侧凹间峰。

次日（H 柱 2013 年 9 月 30 日周一），该股向上跳空，收了一根"跳空假阴真阳"，并且其最低点与左侧凹间峰精准持平。作者当即将它截图交给北京台，并在股海明灯论坛预报了这只股票。

果然，功夫不负有心人，该股在 H 柱预报次日涨停，第二天跳空大涨 6 个点，第三天最高涨到 7 个点。3 天内涨幅高达 23%。

"假阴真阳"的存在必须有其习惯证明，然后才能正确地认识和使用。否则，就会走进形而上学的死胡同。

第五节 动作决定性格（爱施德）

"假阴真阳"无论是显性的还是隐性的，都是有人"故意做的"。既然是人做的，那就一定会彰显出某个人的性格。清华大学出版社出版的《伏击涨停》一书里讲过，通过一条黄金线，可以识别强庄、精庄、狡庄。同样，通过"假阴真阳"这根柱，也可以识别出狡庄、精庄、强庄。

用"假阴真阳"识别庄家，有如下三个技巧：

第一，凡假阴真阳之后，缩量下跌 20%～30% 再上攻的，为狡庄；

第二，凡假阴真阳之后，缩量下跌 10%～20% 再上攻的，为精庄；

第三，凡假阴真阳之后，稍有下跌即回升，或次日直接上攻的，为强庄。

来看图 8-5"爱施德 2013 年 10 月 14 日周一留影"。

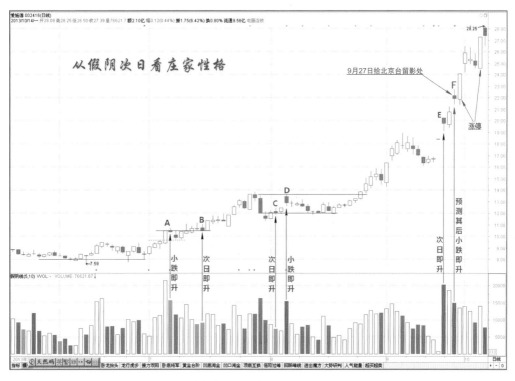

图 8-5　爱施德 2013 年 10 月 14 日周一留影

图 8-5 是作者于 2013 年 9 月 27 日给北京电视台留影的一只股票。从其图中标示的 6 个假阴真阳，来看看这个庄家的性格：

A 柱次日，小跌即升，是强庄性格，但第一次不足为据；

B 柱次日，小阳攀升，是强庄性格，第二次要引起注意；

C 柱次日，价升量缩，是强庄性格，第三次可定性其为强庄；

D 柱次日，小跌，然后连续 9 天不破 C 柱实底（规律），并且逐步用小阳向上攀升（竭尽全力掩饰其强庄性格），但因其前面三次性格展示，反而令其强庄性格欲盖弥彰；

E 柱次日，价升量缩，强庄性格完全暴露；

F 柱是 9 月 27 日，跳空假阴缩量，作者判断其为强庄，预测其后应该是小跌即升。果然，次日（9 月 30 日）小跌即升，冲击涨停，3 天后，于 2013 年 10 月 11 日再次涨停。

根据"假阴真阳"次日的动作和走向，我们就可以初步识别主力的性格和意图了。一旦结合其以往的动作和习惯，就可以完全把握庄家或主力下一步的动作和取向。

第六节 位置决定性质（北斗星通）

一般来说，"假阴真阳"是有人"故意制造"的，因此，在什么位置出现"假阴真阳"，就有其不同的性质。以一个同样大小的"假阴真阳"来看：

（1）处于"底部"的就比处于"顶部"的要可靠；

（2）处于"上升途中的"就比"下降途中的"要可靠；

（3）第二个"假阴真阳"就比第一个"假阴真阳"可靠；

（4）"涨停板之后"的就比处于"涨停板之前"的可靠。

来看图 8-6 "北斗星通 2013 年 1 月 31 日周三留影"。

图 8-6 中有 A ～ F 共 6 个"假阴真阳"。其中：

A 和 B 这两个处于"底部"蓄势阶段，其后走势都是稍微下跌即横盘整理，可见底部的"假阴真阳"能很好地配合蓄势；

C、D、E 这 3 个处于"腰部"上升阶段，每个"假阴真阳"次日都有两个涨停板，可见腰部的"假阴真阳"能很好地配合上攻；

F则是处于"头部"筑顶阶段，后面横盘8天后虽有一个涨停板，但随后即下跌，可见头部的"假阴真阳"能很好地配合出货。

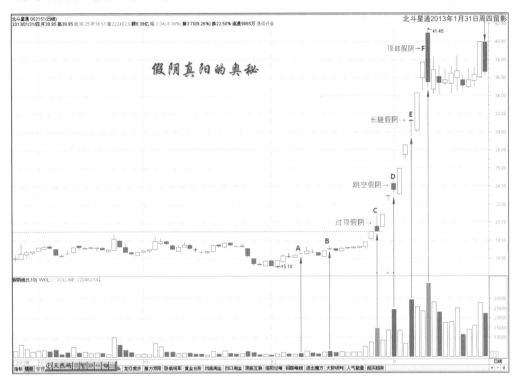

图 8-6　北斗星通 2013 年 1 月 31 日周三留影

从图中还可以发现，D、E这2柱都是涨停板次日出现的"假阴真阳"，其次日都有两个涨停板出现，习惯性和规律性非常明显。由此可见，涨停板次日的"假阴真阳"很有价值。

根据上面的分析，"假阴真阳"所处的位置和性质的对应关系如下：

（1）处于"底部"或"初峰"比较稳，有利于洗盘后上攻；

（2）处于"腰部"或"次峰"比较顺，有利于连续性上攻；

（3）处于"顶部"或"主峰"比较悬，有利于阶段性出货；

（4）处于"习惯"或"规律"比较实，有利于规律性参与。

"假阴真阳"所处的位置不同，规律不同，其性质也就不同，其后走势也截然不同。所以，我们要根据其所处的位置和规律，判断其性质和性格，然后来决定取舍。切不可贸然行事。

第七节　基础决定涨幅（津滨发展）

"假阴真阳"的涨升潜力是相当可观的。我们能不能预测其涨幅呢？答案是能。因为"假阴真阳"是人为的，所以，只要是人进行干预的事物，就一定能从人性的基点出发，找到其基本目的。

一般情况下，以底部第一个"假阴真阳"后的第一个涨停价为基础，只要其后未跌破这个"第一板"，那么，其未来的上升空间可以用"底部第一板"的涨停价乘以2。此后的板，以此类推。

如图 8-7 所示的"津滨发展 2013 年 11 月 22 日留影"。

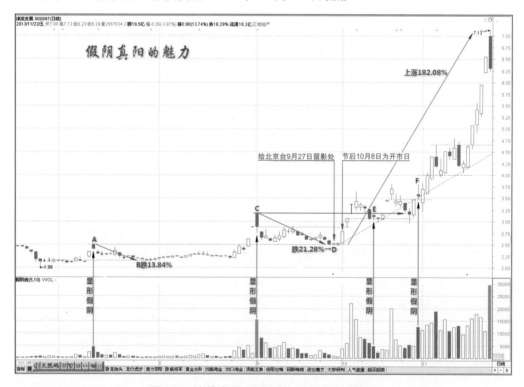

图 8-7　津滨发展 2013 年 11 月 22 日留影

图 8-7 中有 A、C、E、F 这 4 个"假阴真阳"。

先看 A 柱，属于躲在左峰下的"假阴真阳"，次日跳空下跌，从 A 到 B 下跌了 13.84%，但最低点不破左侧凹口平衡线，应该属于"精庄"的范畴，一过 A 线就连续 3 个涨停板。

再看 C 柱，属于涨停板后的"假阴真阳"，次日跳空下跌，从 C 到 D 下跌了 21.28%，但最低点不破 A 的水平线，还是属于"精庄"的范畴。我们是在 D 柱预报的，隔一天后，连续两个涨停板过 C 线。

再看 E 柱，属于躲在左峰 C 线下的"假阴真阳"，次日又是跳空下跌，但未跌破 E 柱最低点即上升，接着用一字板过 C 线。这是"精庄"的特点。

再看 F 柱，是涨停板后的"假阴真阳"，F 柱次日长腿踩 C 线上扬，露出了"强庄"的面目，然后步步向上，陆续拉出了 5 个涨停板。

这只股票的特点非常明显，先精后强，是一个"精明的强庄"。庄家的"假阴真阳"用得非常好，就是用"假阴实顶"做标杆，A、C、E 这 3 个假阴次日都是跳空向下探底，只要向下不破底，向上过线就是涨停板。

按照"假阴真阳"的潜力计算，图中"津滨发展"的涨幅测算如下：

过第一个假阴 A 后，第一个涨停板的实顶是 2.62×2=5.24（元）；

过第二个假阴 C 后，第一个涨停板的实顶是 3.37×2=6.74（元）；

过第三个假阴 E 后，第一个涨停板的实顶是 3.45×2=6.90（元）。

第八节　预报伏击要点（航天机电）

"假阴真阳"是比较阴险的涨停基因，因为其实质是庄家或主力有意制造的"虚弱"假象，"示弱"的目的是欺骗对手，赢得筹码，一旦他们感到时机成熟，随时都有大幅拉升的可能。

那么，是不是所有的"假阴真阳"都会涨停呢？当然不是。

"假阴真阳"只是一个涨停基因，它必须与其他涨停基因在一定时段内有机组合后，形成涨停密码才能爆发涨停。根据我们的统计，涨停基因的密集区，才是"假阴真阳"涨停爆发的临界区。

下面来看图 8-8"航天机电 2013 年 2 月 22 日周五留影"。

图 8-8 阴影框中的 G、H、I、J、K 这 5 根价柱，我们一眼就能看出它们都是"显性的假阴真阳"。但是，为什么 G、H、I、J 这 4 个"假阴真阳"后面都没有涨停，唯独只有 K 柱后在第 4 天才出现涨停呢？原因很简单，因为，从 F 柱开始的 7 天，几乎每天都有涨停基因在起作用：

F柱：是二平阳黄金柱托底，与E柱实底无缝精准重合。

L柱：是小高量柱，其虚底与F柱的实顶精准重合。

K柱：是假阴真阳，跳空假阴，精准回踩左峰实顶。

M柱：是长阴短柱，缩量洗盘，精准回踩左阴实顶。

N柱：是假阳真阴，缩量洗盘，精准回踩L柱实底。

O柱：是长阴短柱，强力洗盘，精准回踩F柱实底。

P柱：在F柱实底线上方起涨，三倍阳涨停。

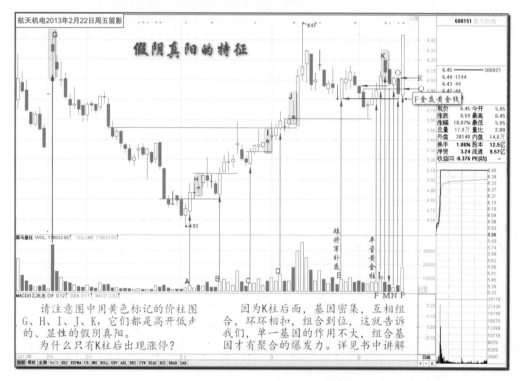

图8-8　航天机电2013年2月22日周五留影

图8-8中的G、H、I、J这4个"假阴真阳"都没有爆发涨停，原因是它们后面没有密集的涨停基因；最后的K柱却能爆发涨停，原因就是K柱后面3天每天都有涨停基因，所以第4天爆发涨停。

总之，"假阴真阳"是一种特别有用的涨停基因，关键是我们怎么使用，在什么时候使用。

综上所述，"假阴真阳"的使用要领如下所述。

第一，"按律识牛"，识别之。首先要看这个庄家是否懂得假阴的规律，是否尝过假阴的甜头，是否有使用假阴的习惯。不要一看到假阴就冲进去。

第二，"牵牛入栏"，观察之。将看中的假阴股票放到观察池中，看其背后的庄家属于哪种类型，根据其性格，采用不同的战术。不要千篇一律对待。

第三，"牵牛存档"，试探之。优选假阴放入试探池中，用少量资金试探之，作为底仓，根据行情测试庄家是否设有观察哨。不要起步就重仓杀入。

第四，"骑牛待涨"，擒拿之。测试合格的假阴，可以根据自己的实力逐步加仓，分散加仓，千万要隐蔽自己，不要让庄家发现你是大笔资金介入。

第五，"组合是金"，考察之。任何一个单个的基因，其意义不大，只有单个基因组合成基因链条之后，形成了涨停密码，才能产生聚合的爆发力。

作者所带的人大特训班学员总结的预报伏击要点如下：

第一，处于上升途中的，最好是底部或过峰的；

第二，具有使用习惯的，最好有两三个假阴的；

第三，次日成倍缩量的，最好是价升量缩形态；

第四，左侧基础扎实的，最好有百日低量群的；

第五，自身回踩精准的，最好是有倍量伸缩的；

第六，附近基因密集的，最好是将爆发涨停的。

作者所带的清华特训班学员总结的预报伏击要点如下：

第一，量柱：量柱最好是倍量柱，或超过前期高量柱，有上攻无力假象的；

第二，价柱：次日最好是缩量一倍左右的，或回踩精准线，或不破前低的；

第三，时间：经过长期调整后，形成百日低量群的，或过左峰出现的；

第四，空间：最好是上升途中的，在底部、过峰或涨停之后出现的；

第五，习惯：左侧有过使用习惯的，或在明显位置出现的；

第六，规律：最好是具有强庄性格的，跌幅在 10% ～ 20% 即向上的。

希望读者再接再厉，结合自身实践总结出更好的方法。

第九章

假阳真阴　务必当心

股市是一个充满辩证法的魔方。

有时候，你明明看到的是"陷阱"，可它却是"馅饼"，前面讲到的"假阴真阳"就是这样。

有时候，你明明看到的是"馅饼"，可它却是"陷阱"，后面要讲的"假阳真阴"就是这样。

量学揭示的"涨停密码"，反过来看就是"跌停密码"。所以我们要学会立体地、全面地研判股市和股票，才能立于不败之地。

第一节　假阳真阴多陷阱（上证日线）

2013 年 4 月 1 日周一，大盘连跌 5 天后收了一个小阳，许多股评家开始唱多了。作者当即发表收评文章《假阳真阴，务必当心》，并附图说明"今天这个小阳，是假阳真阴，多是陷阱"，预测周二将跌至 2225 点左右。结果，周二开盘即大涨，最高涨到 2253 点，许多人开始嘲笑作者了。但是，嘲笑之声还未落，大盘如一江春水向东流，从 2253 点跌至 2220 点，尾盘勉强翘起，收至 2227 点，比作者预报的 2225 点仅仅高出 2 个点。

请看图 9-1 "上证 2013 年 7 月 1 日留影"。

图 9-1 中标注的 A～J 都是"假阳真阴"。图片正中间的 D 点是 4 月 1 日的价柱，次日即 4 月 2 日的价柱，左侧的方框就是 4 月 2 日的上证分时图。

图中的 D 处，是大盘连跌 5 天后的小阳，许多人唱多之时，作者在收评中截图讲解这个小阳不是阳，是"假阳真阴，务必当心"。可是 D 柱次日高开高走，最高涨到 2253 点，正在有人嘲笑的时候，大盘迅速向下，最低打到 2220 点。此后连跌三天，稍有反弹又连续下跌。

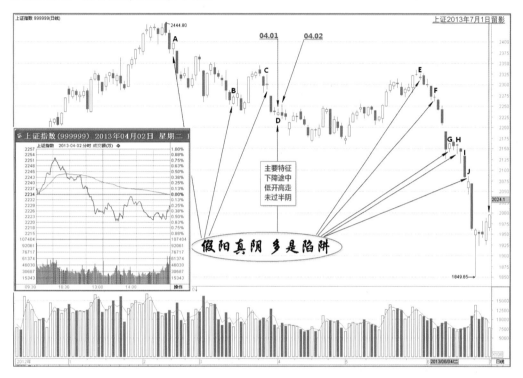

图 9-1　上证 2013 年 7 月 1 日留影

"假阳真阴"不仅帮我们躲过了 2013 年 4 月的大跌，还帮我们躲过了 6 月的大跌。图 9-1 右侧的 E、F、G、H、J 这 5 处"假阳真阴"，为我们的盘前预报提供了 4 次精准机会。从 2010 年以来，我们利用"假阳真阴"这个基因，多次准确预报大盘和个股，被网友们称为"大势预报撒手锏"。

那么，为什么"假阳真阴"能准确预报跌势并准确预报跌幅呢？下面几节将解析其中原因。

第二节　假阳真阴的本质（上证指数）

所谓"假阳真阴"，特指下降途中的一种特殊形态。从表象上看，在日线形态上它是"阳的"，但是其内部结构上却是"阴的"，它往往是低开高走，收盘价未能超过昨日阴柱的 1/2 位。也就是说，它的外在形态是"阳的"，其内在本质却是"阴的"。这种"形阳实阴"的柱子，是量学的一大发现，称为"阴阳柱"，特训班的同学们称之为"假阳鬼子"。

请看图9-2"上证指数2013年4月1日留影"。

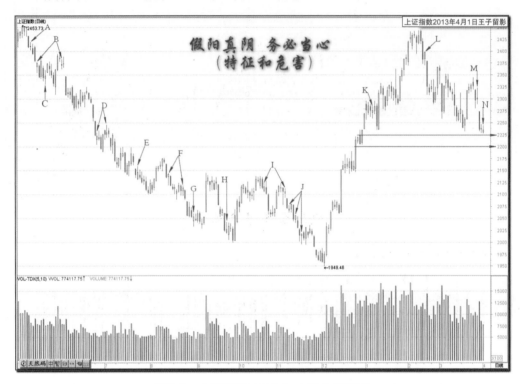

图9-2　上证指数2013年4月1日留影

图9-2中，我们标示了A～N共计20个"假阳鬼子"。从其后走势来看，凡是"假阳真阴"后面1～5天内，一般都是下跌，其跌幅一般达到3%～5%，有的累计跌幅竟高达5%～20%，如A～J下跌累计469点。如果书中的图形不清楚，大家可以在自己的电脑上调出这段行情查看。

第三节　假阳真阴五要素（上证分时）

从上面的分析可以发现，"假阳真阴"的实质是"形阳实阴"，它一般产生在下跌途中，充当"下降中继"的角色。它有如下五个要素。

第一，从位置上看，低开高走是其主要特征。假阳多数是在平衡线下低开高走，跌宕起伏，创新低后最低点没有踩到任何支撑线，属于"无底阴线"的范畴（如图 9-2 中的 A、B、C 等）。

第二，从价柱上看，阳实顶低于或略高于阴实底。也就是假阳当日的成交均价或交易的主要价格区间，位于上一日收盘价以下，属于上攻乏力的范畴（如图 9-2 中的 B、G、J 等）。

第三，从量波上看，分时量波多在零轴下方运行。即使假阳当日收盘价高于上一日收盘价，也是尾盘故意做出来的，其整日分时量波多在零轴下方运行（如图 9-2 中的 F、J、K 等）。

第四，从量柱上看，分时绿柱面积大于红柱面积。这种情况是指数在零轴上方运行，但是全天的绿柱多于红柱，或者是其累计的绿柱面积大于红柱面积（如图 9-2 中的 I、L、M 等）。

第五，从实体上看，假阳实顶低于上一日阴柱实体的 1/2（或 1/3）处。即使没有前面"第二"至"第四"的情况，但是，如果今日假阳实体未能收复昨日阴柱的 1/2（或 1/3），也是假阳鬼子（如图 9-2 中的 M、N 等）。

这五个要素以第一要素为主，兼备其他要素之一者，即可判定为"假阳真阴"。

例如，2013 年 3 月 27 日周三（即图 9-3 中的 C 点），作者在特训班做实盘讲解，下午 2∶30，从大盘分时量波形态和量柱形态的对比中发现，当天应该收一个"假阳真阴"，作者当场发出了"假阳真阴，务必当心"的警报。许多同学当场做出了减仓乃至清仓的动作。次日，大盘跳空下跌 65 点，跌幅近 3%。

如图 9-3 所示的"上证指数 2013 年 3 月 27 日分时留影"。

如图 9-3 所示，既不要单纯看它"今日收盘价高于昨日收盘价"，也不要单纯看它"量波多数时间在昨日收盘价上方运行"，而应该结合全天的分时量柱来看，其多处都是"阴胜阳"，绿柱的整体面积明显高于并大于红柱。更重要的是，当日价柱实顶远低于上一日阴柱二一位。

经过我们对分时量波的解剖，这根量柱外表是"阳的"，实质却是"阴的"。可见其上攻是"虚攻"，掩盖着继续下行的风险。于是，作者在当天下午收盘前夕于 2∶40 发出了"假阳真阴，务必当心"的警报。

警报发出后，许多看懂了"假阳真阴"的同学当场做出了减仓或清仓的处理，次日大盘跳空低开，大跌 65 点，我们轻松躲过了这一劫。这就是提前预判"假阳真阴"的好处。

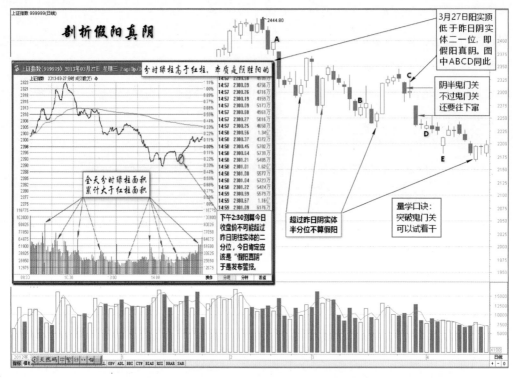

图 9-3　上证指数 2013 年 3 月 27 日分时留影

第四节　如何预判假阳鬼子（泰达股份）

图 9-3 中的 C 柱就是提前预判"假阳鬼子"的一个经典案例。

首先，要弄懂"假阳真阴"的市场机理。"假阳真阴"是市场主力利用人们"盼涨心理"所刻意制造的"造阳游戏"。下跌途中的低开高走，分时量波呈急升波或直升波，往往给人以"转跌为升"的错觉，当股民忍不住冲进去"抢反弹"时，庄家就能在相对高位"金蝉脱壳"，把筹码交给股民后迅速出走，然后继续原来的下跌趋势。

其次，从操盘策略上看，"假阳真阴"的制造者和"假阴真阳"的制造者完全相反。"假阴真阳"的制造者往往是"持强示弱"，而"假阳真阴"的制造者往往是"持弱示强"，可见其盘中的拉升只是虚张声势，目的在于成功出逃。

最后，根据上述分析，提前预判主要看两个条件：一个是看其是否位于"下跌途中"；一个是看其是否"盘中虚攻"。下跌途中比较好分辨，盘中虚攻则要结合分时量波来考察。最好的考察时机是在午后 2：30 左右，这时全天的量波质量和阴阳对比已见分晓，只要用上述五要素来考察，就能及时识破主力的阴谋。一旦发现有"假"，就要反向思考。

如图 9-4"泰达股份 2013 年 12 月 23 日午盘留影"所示。

图 9-4　泰达股份 2013 年 12 月 23 日午盘留影

图 9-4 中有 A、B、C 三个"假阳鬼子"，请看其后的走势。

A 处后面下跌 9%，B 处后面下跌 11.7%。

A、B 两处的第一个动作就是"跳空低开"，只要发现这个动作，便可以初步断定当天要收阴。此后有上攻的动作，分时上一看就是"虚攻"，所以更加可以断定当天要收阴。还可以从分时中发现，即使当日收阳，也是"假阳"。那么，我们就能提前预判了。

由此看来，"假阴真阳"和"假阳真阴"是一对"生死冤家"，一个助涨，一个助跌。只要我们弄懂了主力藏在其中的意图，就能在避免大跌的同时，顺势擒拿涨停牛股。铁的事实再次证明：这种快乐，不是任何专家学者可以妄想的，也不是任何技术指标可以预测的，只有掌握了量学武器的人，在认真弄懂了"量价阴阳、虚实真假"8 个字之后，才能真正享受其中的乐趣。

第五节　识别真假的解剖刀（新亚制程）

"量学解剖刀"，就是用量波来解读庄家或主力的真实意图，这是量学的又一独家发明，无论多么狡猾的庄家或主力，在"量学解剖刀"的面前，都将暴露得一清二楚。

现在，我们将"假阴真阳"和"假阳真阴"结合起来，用"量学解剖刀"来看它们的本质。

第一，从分时量波看，只要全天量波在上一日收盘线（即今日零轴线）上运行，尾盘突然跌破（或中途瞬间低于）上一日收盘价的，为"隐性的假阴真阳"；反之，只要全天量波在上一日收盘线（即今日零轴线）下运行，尾盘突然突破（或中途瞬间突破）昨日收盘价的，为"隐性的假阳真阴"。

第二，从成交均线看，只要黄色均价线（即量学的人线）的收盘价高于上一日收盘价（即今日零轴）的，无论量波跌到哪儿，均为"隐性的假阴真阳"；反之，只要黄色均价线（即量学的人线）的收盘价低于上一日收盘价（即今日零轴）的，无论量波涨到哪儿，均为"隐性的假阳真阴"。

第三，从逗留时间看，若量波全天大部分时间运行在零轴上方，收盘时人线虽在零轴下方（或收盘价在上一日收盘价之下），建议判定为假阴；与之相反，若量波全天大部分时间运行在零轴下方，收盘时人线虽在零轴上方（或收盘价在上一日收盘价之上），建议判定为假阳。

请看图 9-5 "新亚制程 2019 年 5 月 23 日真阴解剖"。

请看图 9-5 中标注的这根 A 柱，看盘程序标注的是阳柱，因为它的收盘价（量学人线）在零轴上方，涨幅为 1.47%，但是，用"量学解剖刀"一解剖，它的实质却是阴柱，因为其量波的大部分时间都在零轴下方运行，即使其收盘价高于上一日收盘价，也应该判为假阳真阴。A 柱后连续 10 天下跌，就是这个"隐性假阳真阴"的杰作。

综上所述：

"隐性的假阴真阳"是最狡猾的，一不小心它就会带出一个涨停；

"隐性的假阳真阴"是最阴险的，一不小心它就会带出一串下跌。

主力采用隐性的"假阴真阳"或"假阳真阴"的目的，就是不想让你发现其真实意图。所以，一旦发现其"假动作"，我们就要揣摸其"真意图"。

无论看盘还是选股，我们一定要看懂"假阴真阳"与"假阳真阴"的区别，千万不要上当。

图 9-5　新亚制程 2019 年 5 月 23 日真阴解剖

第六节　王子最新失败案例（上证预报）

大家知道，据清华大学出版社出版的《黑马王子操盘手记（1—9 册）》上记载，王子于 2014 年 6 月 27 日至 10 月 31 日期间发布的盘前预报值，连续 85 个交易日精准对应大盘实际走势！许多读者留言称赞："太牛了！这是比天气预报更加准确的股市预报！"

能否突破这个记录呢？王子暗暗下定决心，一定要在 2020 年创造一个新纪录，突破连续 85 个交易日的精准预报。

从 2020 年 5 月 6 日开始到 7 月 22 日，已实现连续 54 个交易日兑现了预报值，可是 7 月 22 日的预报失误，中断了这个记录。

然后从 2020 年 7 月 27 日开始到 9 月 23 日，已连续 42 个交易日兑现了预报值，可是 9 月 23 日的预报失误，又中断了这个记录。

为什么会失败呢？请看图 9-6 "上证指数 2020 年 9 月 25 日周五留影"。

先看图中 A 柱即 2020 年 7 月 23 日，该柱长腿小阳，与日前长上引小阳组成了"双剑霸天地"看涨形态，于是，王子预报次日看涨，结果却是次日大跌！

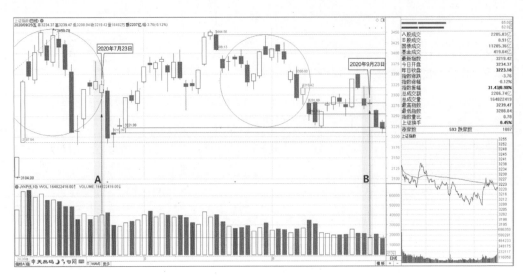

图 9-6 上证指数 2020 年 9 月 25 日周五留影

为什么会大跌呢?用"量学解剖刀"一看,哇!A 柱是一根典型的"隐性假阳真阴"!请看图 9-7"上证指数 2020 年 7 月 23 日分时量波解剖为真阴"。

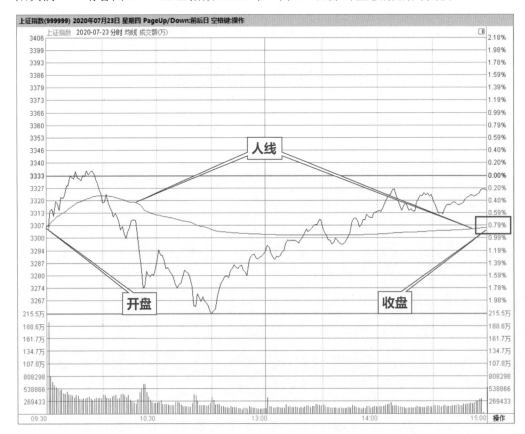

图 9-7 上证指数 2020 年 7 月 23 日分时量波解剖为真阴

从图 9-7 可见，当日上证指数是低开高走、人线低于上一日收盘价的"隐性假阳真阴"。王子预报时，只是看到了"双剑霸天地"这个"外在形态"，没有用"量学解剖刀"剖析它的"隐性假阳真阴"的"内在本质"，导致预报失误。这也是用"个人情感"代替"量学标准"的一次重大失误。

再看 B 柱，当天上证指数收了个小阳十字星，量柱缩为百日低量柱，因为将近一年没有这么低的量柱了，王子看到这个"百日低量柱"，又是阳柱，顿时喜出望外，发布了《大盘惊现百低，反弹一触即发！》但是，昨日虽然惊现百低，今日并未触发反弹，反而跳空大跌 56 点！

为什么会大跌呢？王子当日在"盘前预报 123"公众号的检讨如下：

失误的主要原因是没有"守标忘我"，而是凭主观愿望看盘，只看到了"惊现百日低量柱"这个单一基因，没有看到 B 柱"未过日前大阴二一位"这个复合基因。违背了清华大学出版社《涨停密码》一书中强调的原则：单一的涨停基因是没有任何意义的，只有单一基因组成了复合密码，形成了基因链条才是有意义的。

从建构来看，B 柱的红十字星，"未过日前大阴二一位"，根据量学标准研判，B 柱的红十字星就是假阳，应该"假阳真阴，务必当心！"

从位置来看，"大阴二一位"就是量学强调的"大阴鬼门关"，根据量学标准来研判，B 柱的红十字星应该预判为"未过鬼门关，还要往下窜！"

小结：B 柱预判的失误，可作为反面教材吸取三个教训：

第一，预判前，一定要克制个人情感，避免因某个基因引发的情绪冲动；

第二，预判时，一定要重视"复合基因"的综合研判，而不要凭"单个基因"做出孤立研判；

第三，预判中，一定要坚持清华大学出版社《涨停密码》一书中强调的原则：单一的涨停基因是没有任何意义的，只有单一基因组成了复合密码，形成了基因链条才是有意义的。

以上教训，特与大家共勉。

第十章
长腿踩线　风光潋滟

美学有一个特殊理念：丑到极点就是美。这和量学异曲同工。

量学认为，正常的走势没有什么价值，反常的走势才有价值；同样，正常的量柱价柱没有什么价值，反常的量柱价柱却很有价值。

特别是当反常的量柱和价柱结合之后，产生了一种怪异的对比形态时，其价值将远远超过其自身。

本章将要介绍的"长腿踩线"，就是这种丑到极点的股市美学观。

第一节　长腿踩线的基本特征（特尔佳、郴电国际）

什么是"长腿踩线"？先来看图 10-1 "特尔佳 2013 年 6 月 17 日收盘留影"。

图 10-1 中有 A 、B 两根价柱，其特征如下：

凡价柱的下影线超过其实体一倍以上的，谓之"长腿"，如 A、B 两根价柱；

凡价柱的最低点踩着其左侧某个关键量线的，谓之"踩线"，如 A、B 两根价柱。

例如，图 10-1 中 A 柱的下影线几乎是其实体的三倍，显然是"长腿"；A 柱的最低点与其左侧有 4 个精准重合点，即回踩了精准线，显然是"踩线"。

再看图 10-1 中 B 柱的下影线是其实体的两倍多，显然是"长腿"；B 柱的最低点与其左侧 B1 柱的实底精准重合，形成了精准线，显然也是"踩线"。

作者在 A 柱发现其"长阴短柱"显现，于是在 B 柱开盘前预报，B 柱预报后的次日，该股涨停。

再看图 10-2，这是与图 10-1 同一天的"郴电国际 2013 年 6 月 17 日收盘留影"。

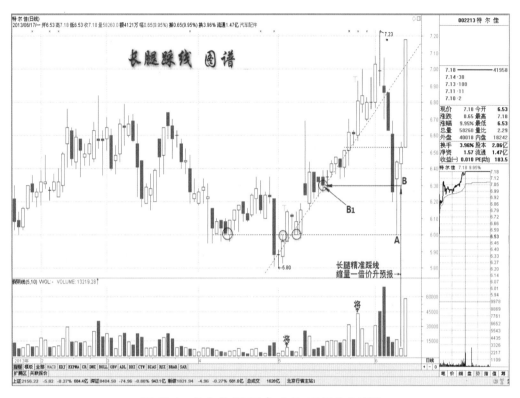

图 10-1　特尔佳 2013 年 6 月 17 日收盘留影

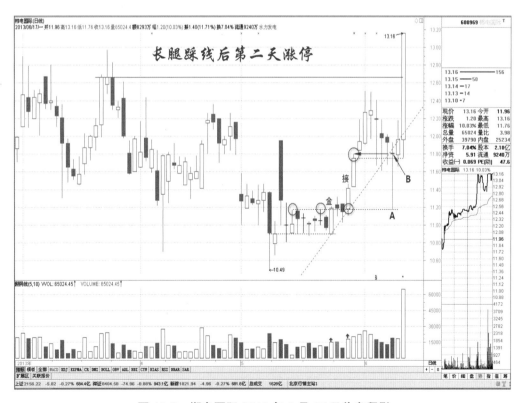

图 10-2　郴电国际 2013 年 6 月 17 日收盘留影

图 10-2 中 A 柱的下影线是其实体的几十倍，这是特殊的"长腿"；A 的最低点与其左侧也有 3 个价位精准重合，肯定是"踩线"；比较特殊的是 A 柱的实体 B 与其左侧的跳空缺口顶部精准重合，形成了"一柱双重精准"结构。所以其次日大涨，隔日涨停。

"特尔佳"与"郴电国际"，都是同一天出现"长腿踩线"、次日大涨、隔日涨停，其形态、时间、涨停爆发惊人地相似，这里暗藏着的一组涨停密码，就是"长腿＋踩线"。

第二节　长腿踩线的双重动力（华银电力、建投能源）

"长腿踩线"是一组比较活跃的涨停密码，它和其他基因组合的涨停密码，往往可以收到精准预报的效果。据统计，"长阴短柱＋长腿踩线"组合是非常有效涨停密码。例如 2010 年 12 月 1 日，两市共有 18 只涨停股票，就有 15 只属于作者 2010 年 11 月 30 日预报的"长阴短柱＋长腿踩线"的股票。

所谓"长阴短柱"，是一种未来看涨基因，《伏击涨停》里讲过："长阴短柱"就是指长长的价柱对应着短短的量柱，用立体看盘方法将二者联系起来看，其形态就是"长阴短柱"。

而"长腿踩线"是一组短线涨停密码，"长腿"就是指价柱的下引线很长，"踩线"就是"回踩平衡线"，可以是回踩"精准线"，也可以是回踩"峰顶线"，还可以是回踩"峰谷线"。

有学员问：长阴到底应该多长？短柱到底应该多短？其实，这里的"长和短"都是相比较而言的。"长阴"一般是比其前一天的阳价柱长，"短柱"一般是比其前一天的阳量柱短，一下子缩短 50% 最好；有时，阴价柱特别长，而其下面对应的阴量柱比前面稍稍高一点的，也应该当作"短柱"；因为其阴价柱特别长，阴量柱应该也是特别长的，如果只是比前面的阳量柱高那么一点点，也属于"短柱"的范畴，二者比例失调，就是变态。量学认为变态的就是好东西。

来看图 10-3"华银电力 2010 年 12 月 1 日收盘留影"。

图 10-3 中标记了 8 根量柱，都是"长阴短柱"，但是 A、B 两柱比较特殊。

图 10-3 华银电力 2010 年 12 月 1 日收盘留影

先看 A 柱,其对应的价柱从上到下的跌幅长达 8 个点,而其下方的阴量柱仅仅比前一个阳柱略高一点点,它就应该是"长阴短柱"。

再看 B 柱,其阴价柱比前面的阳价柱长许多,而其下方的阴量柱与前面的阳量柱几乎持平,这也是"长阴短柱"。这就是"相比较而存在"。

正因为该股从 A 到 B 一系列"长阴短柱",说明主力在打压时都是"只打价,不放量",实质上是吓唬别人,保护自己。所以在 B 柱的第二天即放量涨停。

值得注意的是,A 柱次日和第三天都是缩量一倍。特别是 C 柱,就是本章讲的"长腿回踩平衡线",因为 C 柱的最低点比 B 柱的最高点高 1 分钱,这种"浮 1 分钱"的"长腿点击",往往很有后劲。形象地说:"长阴短柱"是起跳前的助跑,"长腿踩线"是起跳前的下蹲,该股有一系列的"长阴短柱 + 长腿踩线",因此,C 柱次日逆市涨停就不足为奇了。

2010 年 12 月 1 日两市共有 18 只股票涨停,就有 15 只属于"长腿踩线",股海明灯论坛上有好几位同学同时预报的"建投能源",就是这种典型形态。

再看图 10-4,这是与图 10-3 同一天的"建投能源 2010 年 12 月 1 日收盘留影"。

图 10-4 中的标注①,就是"长阴短柱群",其最后的 B 柱,就是"长腿踩线"。B 柱最后的"一蹲",最低点刚好与其左侧的天然缺口线 A 重合(见标注②),就

像运动员起跳前踩准了踏板一样，立即跃起，"一蹲一起"，同时加载于这个"长腿踩线"的动作上，有一种仙鹤独立、展翅欲飞的冲动。所以，B柱次日即轻松一跃，逆市涨停。

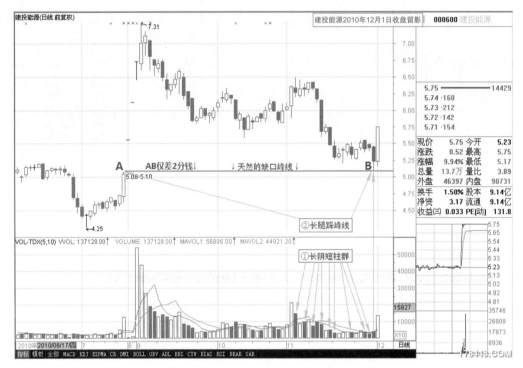

图10-4　建投能源2010年12月1日收盘留影

由此可见，"长阴短柱"的实质是主力借力打力，借用大盘回落的力量，用大幅的打压赚取大量的筹码，所以，它往往有几天的缓冲期，真正起决定作用的，就是"长腿踩线"。因为"长腿"本身就有"下蹲兼起跳"的双重作用，再加上一个"踩线"的动作，就是运动员踩准了起跳板，相当于"探底兼起跳"的双重作用。这四种作用力同时加载到一个组合动作里，所以，"长腿踩线"的涨停意愿十分强烈。其缓冲期可能是一两天，也可能是三五天，最多还有六七天的。

第三节　长腿踩线的基本要素（宜科技、鸿博股份）

是不是所有"长腿踩线"的股票都能涨停呢？当然不是。"长腿踩线"的股票涨停必须具备一些要素。

先来看图 10-5 "宜科科技 2010 年 12 月 1 日收盘留影"。

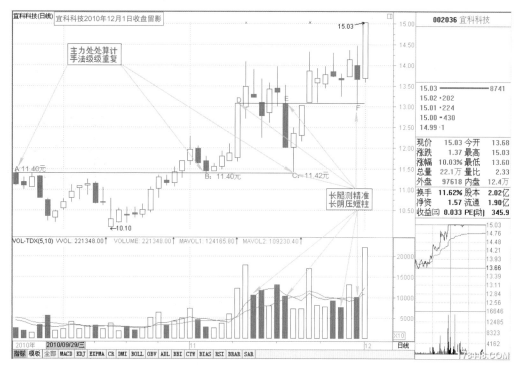

图 10-5　宜科科技 2010 年 12 月 1 日收盘留影

图 10-5 中的两条横线有如下特征：

A、B、C 三点重合为一条精准线，B 和 C 踩着 A 的实顶，C 是"长腿踩线"，C 柱次日大涨 5.43%，却没有涨停；

D、E、F 三点重合为一条精准线，D 和 E 的实顶抬着 F，F 柱是"长腿踩线"，F 柱的次日却涨停了。

同样都是"长腿踩线"，为什么 C 柱次日没有涨停，F 柱次日却能涨停呢？奥秘就在"长腿踩线"的这两根柱子身上。

第一，C 柱的左侧是"阴胜阳"结构，而 F 柱的左侧是"阳胜阴"结构。

第二，C 柱与其左侧支点 A 距离很远，而 F 柱与其左侧支点 E 距离很近。

第三，从位置上看，B、C 在 A 的上方，有压力；而 D、E 在 F 的下方，有撑力。

由此可见，量柱的结构、回踩的位置、间隔的距离都非常重要。

让我们再解析一只股票，见图 10-6 "鸿博股份 2010 年 12 月 1 日收盘留影"。

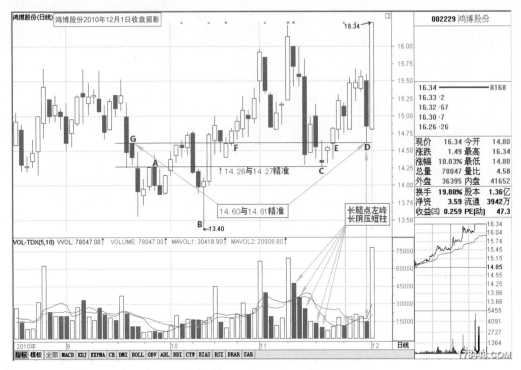

图 10-6　鸿博股份 2010 年 12 月 1 日收盘留影

图 10-6 中有 B、C、D 三个拐点，它们各自的特点和效果如下：

（1）B 是长腿，没有踩到有效的量线，即使次日大涨，也没能涨停；

（2）C 是短腿，即使踩到了有效量线，次日也未能涨停；

（3）D 是长腿，既踩到了有效量线，又和 E、F、G 精准对应，所以次日涨停。

当然，最主要的是 D 柱左侧有"阳胜阴"的基础，而 C、B 左侧的量柱建构都处于"阴胜阳"状态。

以上两只股票，都是选自 2010 年 12 月 1 日，这种"同一时间、同一形态、同一特征"的批量涨停案例，对我们研究量学涨停密码非常有用。再看和上述案例同一日涨停的国恒铁路、四川圣达、大连热电、新希望、万力达、道博股份、交大昂立、合康变频、天科股份、中卫国脉、金马集团，无一例外，这些股票全都是长腿点击某一平衡线的杰作，都是"踩线次日涨停"。这就是规律。

规律就是法则，一旦股票出现这样的形态，它是非涨不可的，即使大盘不好，它也要涨，不涨停的也能大涨四五个百分点。

第四节　长腿踩线的涨停时效（金陵饭店、中超电缆）

"长腿踩线"的涨停并非一蹴而就，它往往有"延时性"。正因为其具有"延时性"，这就给我们的伏击留有充分的观察分析时间，可以提高伏击效率。例如，作者在 2010 年 12 月 1 日提醒大家"关注建投能源类长腿踩线的股票"，次日（即 2010 年 12 月 2 日）两市共有 20 只股票涨停，除了 5 只"长腿踩线次日涨停"的以外，其余的 15 只都是"长腿踩线后第二天涨停"。

来看图 10-7"金陵饭店 2010 年 12 月 2 日收盘留影"。

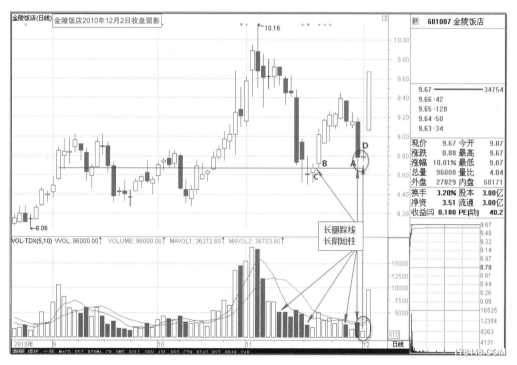

图 10-7　金陵饭店 2010 年 12 月 2 日收盘留影

图 10-7 的"金陵饭店"是作者开盘前预报的三只股票之一，它和另外两只股票一样，当日共同的特点是"长腿踩线后第二天涨停"，这与前面讲解的"长腿踩线次日涨停"有一点区别。区别在于"长腿踩线"后不是次日涨停，而是犹豫了一天之后才涨停。这"犹豫的一天"，往往受大盘影响，聪明的庄家或主力不是逆市而为，而是顺势摸底，上下都有引线，他是"遇阻即让，遇撑即上"，量柱温和而稳重。休整一天后，隔日即涨停。

"金陵饭店"在 A 处"长腿踩线",与 B、C 处无缝重合,是回踩精准线的结构,次日用了一根小小的十字星 D,其量柱却缩短一倍,显然,这个庄家或主力非常吝啬,见大盘不好,他们就根本不管事,任由市场去自由调节。由于他们控盘良好,这样的"吝啬庄家或主力",往往是"该出手时就出手",毫不吝啬。D 柱缩量为不到一半,股价微涨,休整一天后,悍然涨停。这种"狡猾"和精明,令人拍案叫绝。

再看图 10-8"中超电缆 2010 年 12 月 2 日收盘留影"。

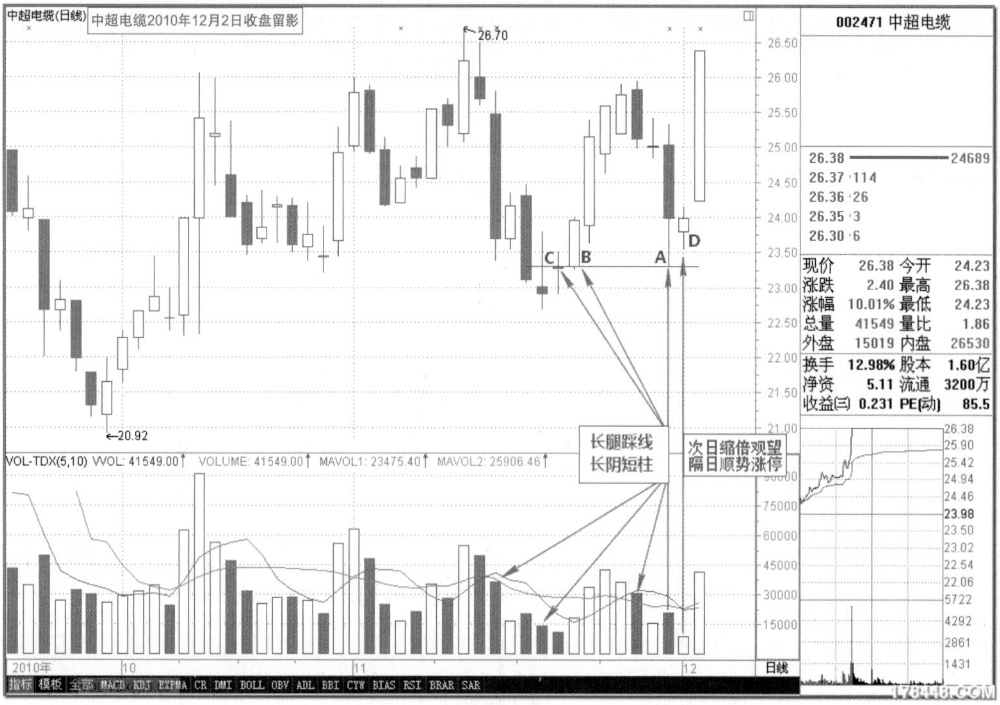

图 10-8　中超电缆 2010 年 12 月 2 日收盘留影

图 10-8 的走势,乍一看,和图 10-7 的走势一模一样,都是 A 处长腿踩线,与 B、C 处无缝精准重合,在 D 处缩量一倍,休整一天后悍然涨停。

"长腿踩线"的次日很有意思,次日缩倍量,隔日就涨停。难道都是这样的吗?请看 2010 年 12 月 2 日的涨停榜,依次如下:

美利纸业、华帝股份、中润投资、华新水泥、金陵饭店;

易联众、东力传动、煤气化、岳阳兴长、中超电线;

国统股份、双汇发展、中创信测、御银股份、东南网架;

三变科技、圣莱达、山东威达、鸿博股份、标准股份。

大家可以对照电脑,一一查看,除了中润投资、华新水泥、煤气化、国统股份、双汇发展这 5 只股票之外，其余的都是"次日缩量一倍"。

"长腿踩线后次日缩量一倍"就是规律，它可以促使"长腿踩线"的股票，在同一时间、同一形态、同一特征批量涨停。

"隔日涨停"是对"次日涨停"的补充，下次大家选择股票时，不要光盯住"长腿次日"，还要注意"长腿后缩倍量"的股票，因为它们往往有 6～8 天的延时涨停机会。

第五节　长腿踩线的基因组合（江苏宏宝、外高桥）

2010 年 12 月 3 日，是作者发布"长腿踩线涨停趋势预报"后第三天，两市只有 7 只股票涨停，竟有 6 只股票是"长腿踩线后第三天涨停"，它们分别是江苏宏宝、双汇发展、圣莱达、外高桥、东方金珏、延长化建。

这 3 天的涨停股票为什么都集中在"长腿踩线"呢？弄懂其中的规律，对我们今后的操盘一定大有裨益。

先看图 10-9"江苏宏宝 2010 年 12 月 3 日收盘留影"。

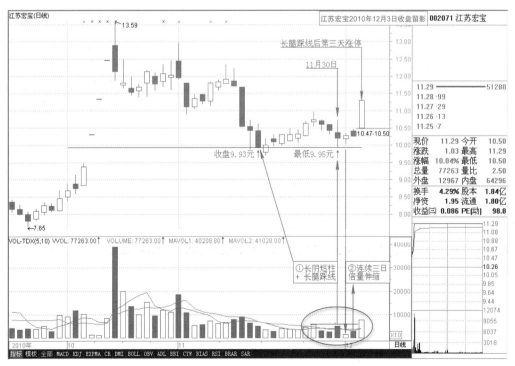

图 10-9　江苏宏宝 2010 年 12 月 3 日收盘留影

如图10-9所示，"江苏宏宝"的第一基因是"长阴短柱"，第二基因是"长腿踩线"，第三基因是"倍量伸缩"，依次是2010年11月30日长腿点击9.95元精准线，踩线后第一天缩量一半，第二天温和放量一倍，第三天再放量一倍，逆市涨停。由此可见，其涨停基因组合是"长阴短柱+长腿踩线+倍量伸缩"。

这里的组合，就是规律，就是涨停密码。同一形态、同一时间、同一特征的股票批量涨停，再次体现了量柱量线的科学底蕴。试想：同样是属于"长腿踩线"的股票，为什么有的股票涨停，有的股票却不涨停？为什么有的是"长腿踩线"后第一天涨停，有的是第二天涨停，有的是第三天涨停，有的直到第八天才涨停呢？这就是涨停基因的组合问题。由于组合的基因不同、次序不同，于是便有了"长腿后第一天涨停""长腿后第二天涨停""长腿后第三天涨停"。这就是它们的"涨停密码"。

再看图10-10"外高桥2010年12月3日收盘留影"。

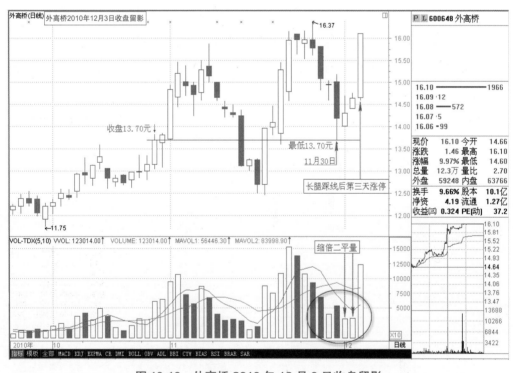

图10-10　外高桥2010年12月3日收盘留影

图10-10"外高桥"的涨停前奏是：2010年11月30日之前连续"长阴短柱"下跌，11月30日是长腿点击13.70元精准线，踩线后第一天温和缩量近一倍，第二天价升量平，第三天放量涨停。由此看来，长腿踩线后的缩量非常重要。其基因组合的涨停密码是"长阴短柱+长腿踩线+价升量缩"。

以上两只股票的收盘留影案例中，都有"长腿踩线＋缩量一倍"，其"踩线"都是精准线，"缩量"都是缩倍量，结合起来看就是"倍量伸缩"。不同的基因组合，就会造成"长腿踩线"之后的涨停延时。这和"癌症"有点相似。在人们的观念中，"癌症＝死亡"，可是，有许多人得了癌症却不一定马上死亡，有的一年后死亡，有的两年后死亡，有的三五年后死亡，当然也有能治愈的，我们不能因此而责怪医生，更不能责怪医学理论。因为只有癌细胞积累到一定程度了，才会导致死亡。

同样，"长腿踩线"的股票，只有当它的"涨停细胞"积累到一定程度了，量变引起质变，它才会涨停。所以，才有了前面说到的"第一天涨停、第二天涨停、第三天涨停乃至第八天涨停"。

这样连续 8 天涨停的铁的事实，已无可争辩地说明了量柱量线的科学性，也证明了"长腿踩线"的科学性。我们在运用"长腿踩线"技术的时候，一定要全面分析和综合研判。否则，别人选的"长腿踩线"涨停了，你选的"长腿踩线"却还在那儿打瞌睡，就只能从自身找原因了。癌症的初始症状有时和感冒差不多，如果看到某人感冒了就把他当作癌症来治疗，那就阴差阳错，南辕北辙了。

第六节　长腿踩线的伏击要领（中成股份、华神集团）

2013 年 3 月 4 日，大盘大跌 100 点，作者在收评中发布"长腿踩线"涨停趋势预报，预报后连续 4 天都是这类股票主导涨停。这其中有什么奥秘呢？

请看图 10-11"中成股份 2013 年 3 月 7 日收盘留影"。

有人也许会说："中成股份的涨停，是因为它 2013 年 3 月 7 日公告获得 42 亿订单"。但是从量学的角度分析，早在 13 天前它就埋下了涨停的种子（见图 10-11 中的 A 柱）。

A 柱：假阴真阳，阴柱实底与左峰 7.24 元精准重合，此后的下跌，明显是故意挖坑，其挖坑的实底和虚底，也是精准对应着左侧的两条黄金线，对于不破黄金柱底线的下跌，都是暗藏着上攻的蓄势。至 B 柱前二天，突然大阳反攻，其实顶又与 A 柱的最高点 7.35 元精准重合。更加证明这个庄家的控盘和操盘已达到随心所欲的程度。由此可见，这个庄家在 13 天前就已"提前知道"了"42 亿大订单"的信息，所以才挖坑，打了一个漂亮的"黄金劫"。

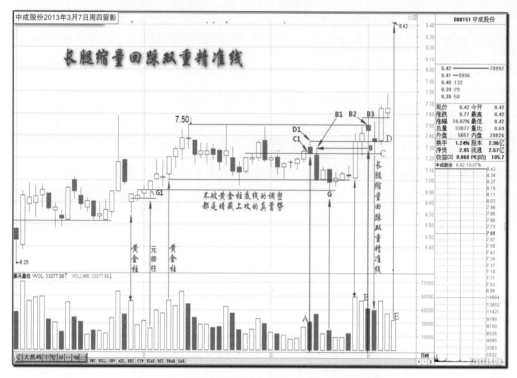

图 10-11　中成股份 2013 年 3 月 7 日收盘留影

B 柱：又是一个漂亮的假阴真阳。我们多次讲过，假阴真阳，企稳必涨。B 柱次日即 2013 年 3 月 4 日，大盘大跌 100 点，该股却只是象征性地跌了一点，阴柱缩量，明显是长腿缩量回踩双重精准线，因为它的最低点 C 和实底点 D，与刚刚讲过的 A 柱的实底和虚顶精准重合，再一次确认了庄家控盘到位。

D 柱：几乎踩着 C 柱的实底，中阳过左峰，且量能温和，已基本上完成了起跳前的蓄势，涨停在望，已成定局。

综上所述，长腿踩线是其多重基因集合的导火索，而爆发的火药早在 13 天前的 A 柱就已开始填充了，至于"42 亿大订单"的出现，只是一个噱头，即使没有这个噱头，该股还是要爆发涨停。这就是量学导火索战法的魅力。

再看图 10-12"华神集团 2013 年 3 月 7 日收盘留影"。

任何单一的涨停基因是不能引爆涨停的，它必须有其他相应的基因如导火索一样连结起来，才能组合成涨停密码，涨停基因密集成导火索形态，往往就是爆发涨停的前奏。图 10-12 中，有 A、B、C、D、E 这 5 组"倍量伸缩"基因，且其底部逐步抬高，而量能都是相对温和的"小倍阳"。

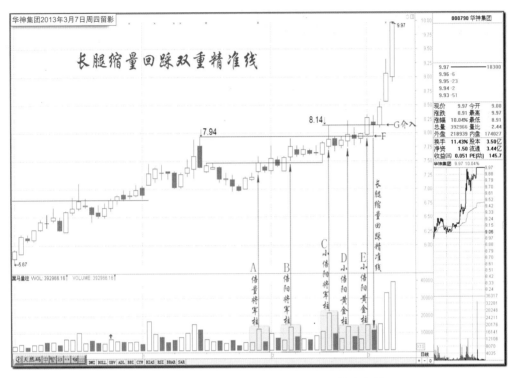

图 10-12　华神集团 2013 年 3 月 7 日收盘留影

F 柱是大盘大跌的 2013 年 3 月 4 日，它却缩量微跌，长腿踩着左侧大阴的 7.94 元精准线，收盘时也踩着左峰的 8.14 元精准线。在 F 柱一根柱子上能"玩出"两个精准回踩，说明庄家的控盘和操盘和上个案例一样，已达到游刃有余的程度，只要出现这样的"长腿踩线"，就是我们值得潜伏的伏击圈。图 10-12 中的 G 点就是最好的安全伏击点。

实战中，采用"长腿踩线"战术应注意以下几点：

第一，长腿踩线的量柱，最好是缩量的；

第二，长腿踩线的量线，最好是精准的；

第三，长腿踩线的时机，最好是大盘大跌，才能看出它的价值和实力；

第四，长腿踩线的基因，最好与其他基因组合，才有爆发力；

第五，长腿踩线的伏击，最好在次日确认其合格，才是伏击圈。

对"长腿踩线"的深入研究，可以参考股海明灯论坛曾经发表的相关文章。

第十一章
涨停基因　势在必行

许多学员对"涨停基因"非常感兴趣，大家津津乐道于"假阴真阳""长腿踩线""长阴短柱""倍量伸缩""一剑封喉"等，却常常忽视一个最鲜明、最普遍的涨停基因，这就是"涨停板"自身。甚至有学员说，已经涨停的再预报或伏击"没有技术含量，更没有实战意义。"

事实告诉我们，"涨停板"这个基因的技术含量非常高，实战意义也特别强。因为，几乎所有的牛股都是从"涨停板"起步的，但是，并非所有的"涨停板"股票都能成为牛股。更有意义的是，涨停后能再涨停的概率通常是 1/20，从"20 多只股票"里寻找伏击机会肯定比从"4000 多只股票"里要容易。可见这里的关键是如何发现"涨停板"后面的走势，以及预报和伏击时机。

所以，本文将"涨停板"这个基因简称为"涨停基因"，特此说明。

第一节　涨停板的内在含义（香溢融通）

量学理论认为，"涨停板"是主力的一个动作，这个动作主要有如下三种含义：第一是试探，即测试市场抛压，如果涨停没有抛压，它就继续上行，否则下行；第二是进攻，即控盘已经到位，涨停只是水到渠成，它将继续上行，直到回调；第三是防御，即为了保护自己，利用涨停板吸引人，一旦有人跟进，它就出货。先看图 11-1 "香溢融通 2013 年 8 月 15 日收盘留影"。

图 11-1 香溢融通 2013 年 8 月 15 日收盘留影

如图 11-1 所示，图中有 A ～ E 共 5 个涨停板。它们有以下几点内在含义：

A 是百日低量群后的一次试探，三倍量即涨停，可见市场抛压较少，次日它就跳空上行（注：按照量学的标准，四倍量以上才为发烧柱，抛压大，常态示跌，四倍量以下视为康量）；

B 是双阴洗盘后控盘到位的上攻，小倍阳即涨停，可见主力控盘很好，次日它就跳空上行（注：量学讲究量价一体看盘，D 柱之价高于 C 柱，量却低于 C 柱，可见主力控盘到位，量与价的对比背离，必上无疑）；

C 是承接 B 的跳空上行，缩量涨停。量学认为，缩量涨停，必创新高，其次日果然连创新高；

D 是双阴洗盘后的再次跳空上行，最低点踩着 B 柱的实顶涨停，其价柱位置高于 C 柱，但其量柱却低于 C 柱，柱比背离，必上无疑（注：柱比背离是一个量学术语，即此量柱与他量柱对比的高度相背离）；

E 柱左侧的价柱 I 与 C 柱右侧的价柱 H 持平，收盘价均为 9.22 元，但对应的量柱却缩小，价平量缩，后市必火。可见其后市必然还有新高。

这只股票的 5 个涨停板，处处体现了"强势风范"，也就是说，这个主力有"使用涨停板的习惯"，只要回调到位，双阴洗盘缩量，庄家或主力就拉个涨停板，甚至拉几个涨停板。由此可见，"涨停板"已成庄家或主力的"涨停基因"。我们就是看中了庄家或主力的这个特点，分别在 A 柱次日、B 柱次日、D 柱和 E 柱的跳空处成功预报了它的涨停。

本文借用"势在必行"这个成语，说的是"涨停板"的"势"只要存"在"，只要没有被后面的行情破坏掉，就"必然上行"。根据这个原理，只要"涨停基因"没有被破坏，其后市将精彩纷呈。

第二节　涨停板的基因孕育（香溢融通）

把"涨停板"当作一个"涨停基因"来预报涨停，这是量学的一大贡献。

据我们长期跟踪统计的结果显示，涨停后再涨停的概率大约只有 1/20，绝大多数的"涨停板"这个基因会消失。如何从众多的涨停板中发现那 1/20 的股票呢？

先找撑阻位置。即从"涨停基因"的位置，考察其左侧的中长期走势，找到它最近的撑阻位置，研判其能否孕育新的涨停。

再找承接关系。即以"涨停基因"为基柱，观察其右侧的走势与最近"涨停基因"的承接关系，研判其再出涨停的可能性。

研判生长迹象。即从日后走势中观察当前"涨停基因"是否受到伤害或消失，只要没有被破坏或消失，就有再出涨停的可能。

让我们回想一下，目前 A 股有 2000 多只股票（2020 年达到 4000 多只），无论行情好坏，为什么总有那么几只甚至几十只股票能涨停？尤其是在行情极端糟糕的情况下，一大批股票跌停了，可为什么还有涨停的股票呢？

这是因为，股票都是人做的，因此它也深深地打上了人的烙印，涨停板也和人一样有着"怀孕和分娩"的自然过程。从这种意义上讲，涨停板是一种不得不为的市场行为。

请读者在电脑上把"香溢融通"的图形缩小，缩小到能从 2012 年 12 月 4 日看到 2013 年 8 月 15 日的整个走势，这时你会发现，2012 年 12 月 4 日是前一轮大盘的新低，而这只股票当时出现了百日低量群，这时你再往右看到 2013 年 6 月 25 日（即图 11-1 中的 A 柱），其前面也是一段百日低量群。

下面来看图 11-2"香溢融通 2012 年 11 月 29 日至 2013 年 8 月 15 日留影"。

图 11-2　香溢融通 2012 年 11 月 29 日至 2013 年 8 月 15 日留影

图 11-2 最左侧有个涨停板 F，是试探型，在其右侧漫长的走势中（从 F 到 A），这个涨停板基因没有受到伤害。再往右 33 天有个涨停板 G，是防御型，由于控盘不充分，次日放量稍大，被动回调。回调的过程中，一直没有跌破 F 柱的涨停板基因柱。

在 F 涨停基因柱的保护下，形成了两组百日低量群，第一组百日低量群保护着 F 柱的涨停板基因（不破 F 柱上方的缺口）；第二组百日低量群显然保护着 F 柱的涨停板基因（仅有 A 柱前一天收盘价破 F 柱实底，根据量学的"三日有效"原则，单日跌破无效）。这也就是说，F 涨停板基因藏在两组百日低量群里，孕育着"更胖""更大"的"涨停金娃娃"。

《量柱擒涨停》里曾讲过："百日低量群，倍阳可涨停"。F 柱这个涨停板，正好是百日低量群后，倍阳即涨停。再看 A 柱的这个涨停板，也正好是百日低量群后的倍阳涨停，二者几乎处于水平状态。作者之所以敢在长腿踩线次日的 A 柱预报涨停，就因为看到了它前期的"百日低量群"孕育着"涨停板基因"。

经验是：只要左侧经常拉出涨停的股票（指两个涨停板以上），其右侧多数也会有涨停板，因为它有涨停板的基因存在（势在必行）；如果一只从来没有涨停过的股票，突然冒出第一个涨停板，这时候只可以观察，不可以冒进；即使前面有两个涨停板的股票，如果其涨停板基因受到损害（其势受损），其后涨停的可能性将大打折扣。

第三节　涨停板的逆向伏击（云意电气）

A 股市场上有一个不争的事实：多数牛股都是从涨停板开始的，但有涨停板的股票并非都能成长为牛股。怎样才能选到理想的牛股呢？在量学筛选牛股的技术中，逆向伏击就是最好的方法。请看我们特训班培训之后的效果：

股海明灯论坛的"伏击涨停预报大赛"从 2012 年 8 月 15 日至 2013 年 8 月 15 日，刚好一年。一年来，有 5074 人参与了"伏击涨停预报大赛"，有近 5000 人伏击到了涨停板，仅有 100 多名新手吃了"零蛋"。

新手和老手的区别在哪儿呢？新手总是正向伏击，老手善于逆向伏击。这次的总冠军"蓝马涨停"是第 6 期量学特训班的学习委员，一年来总共预报了 821 只股票，成功涨停 282.5 只（ST 股票涨停计 0.5 只），其成功率高达 46.59%，第二名到第十名的成功率平均在 40% 以上。作者仔细研究了他们预报的股票，主要得益于"逆向伏击涨停板"。

来看图 11-3 "云意电气 2014 年 1 月 3 日留影"。

如图 11-3 所示，"云意电气"是清华特训班的同学们集体筛选出来的一只牛股。

A 柱：五倍阳涨停过双峰，雪狼同学于 A 柱涨停次日预报，理由是"涨停过双峰，必然有一冲"。A 柱后连续三天价升量缩，A 即典型的黄金柱。A 柱后第四天即爆发一个涨停板 B。

B 柱：是涨停板，其价柱高于 A 柱，其量柱却低于 A 柱，量价比背离，具有价升量缩的特质，这是"缩量涨停，必有后劲"，若在 B 柱预报或伏击，此后第三天便可获得一个涨停板 C。

C 柱：是涨停板，其价柱比 B 柱高，其量柱与 B 柱平，属于"价板量平，可以跟进"，若在 C 柱预报或伏击，此后第二天可获得一个涨停板 D。

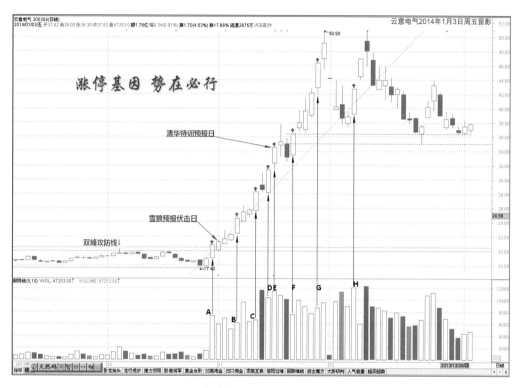

图 11-3　云意电气 2014 年 1 月 3 日收盘留影

D 柱：是显性假阴后的涨停板，属于"价板量缩，后市看多"，若在 D 柱预报或伏击，次日即可获得一个涨停板 E。

E 柱：是涨停板，并且是假阴后的第二板，而且跳空向上，强庄的性格暴露无遗，作者就是在 E 柱发布预报的（见清华大学量学特训班彩印讲义），此后第三天即获得一个涨停板 F。

F 柱：价板量缩，后市看多，若在 F 柱预报或伏击，此后第四天即可获得一个涨停板 G。

G 柱：本身是价板量缩，可以看多，但是，本案例从 A 柱上来已获 7 个涨停板了，应该见好就收，即使可以看多，也不要做多。

实践证明，逆向伏击必须从正向伏击开始，即从"涨停基因"开始，每天对涨停的股票进行研究，研究的方法是每天从涨停板的股票中选一只股票（注意：只能选一只，用"唯一标准"严格要求自己），进行预报试验。

逆向伏击的选股思路和步骤如下所述。

第一，看量柱，选倍量涨停、缩量涨停、微增量涨停。

第二，看价柱，选底部涨停、过峰涨停、跳空涨停。

第三，看时间，选封住涨停时间越早的越好。

第四，看走势，选左侧有"百日低量群"保护着"涨停板基因"的。

第五，看体质，选流通盘在 5 亿～ 10 亿的中小盘股。

第六，看热点，选近期热点板块中的龙头股。

根据上述逆向伏击的基本原理，我在 2014 年清华、北大、人大量学特训班上给大家总结出了"板后上行、板后下行、板后横行"三类可以伏击的量学建构（连板建构除外）。

"板后上行"有"板后单枪""板后双剑""板后二牛"等；

"板后下行"有"板后单休""板后双休""板后三休"等；

"板后横行"有"板后长休""长阳代板""连阳合板"等。

上行就有"上引线"，下行就有"下引线"，这种"引线"，都是庄家或主力做出来的，其含义非常丰富。作者结合电影《渡江侦察记》讲了如下内容：

量学将"上引线"称为"侦察兵"，战场上凡是侦察兵到过的地方，往往就是主力将要攻击的地方，股市上也是一样；

量学将"下引线"称为"传令兵"，传令兵回到总部便向主帅回报或请示下一步的行动，所以传令兵次日的走势就是主力意图。

同学们非常喜欢上述内容，尤其是与"涨停板"这个基因结合的"侦察兵"或"传令兵"，那就更有意思了，大家反映：只要懂得了"板后势在"（即板底不破）的基本原理，结合"侦察兵"和"传令兵"就能演化出许多实战技法。下面简要介绍几种典型技法，望读者能举一反三。

第四节 "板后上行"三部曲（厦门国贸）

所谓"板后上行"，就是在板价上方运行。除了"板后连板"之外，往往有"板后单枪""板后双枪""板后三枪"等三种建构，因为这三种建构可以独立存在，所以称之为"三部曲"；有时候，这三者互相依托，相辅相成，又可以称之为"三步曲"。请看图 11-4 "厦门国贸 2014 年 11 月 20 日留影"。

先看图中 G 柱涨停板次日的 G1，长长的上引线突破左峰，仿佛一杆长枪直捅云霄，我们将 G1 称为"板后单枪"，有时为了叙述简便，也称之为"板枪"，单枪次日大涨或涨停的，就是成功的"板后单枪"，也有单枪次日小涨或涨不停的。为什么 G1 这个"板后单枪"能够大涨？因为它的实体在"涨停基因"G 柱的上三一位上方，单枪捅到 6% 的位置，明显是强庄，所以次日能涨停。

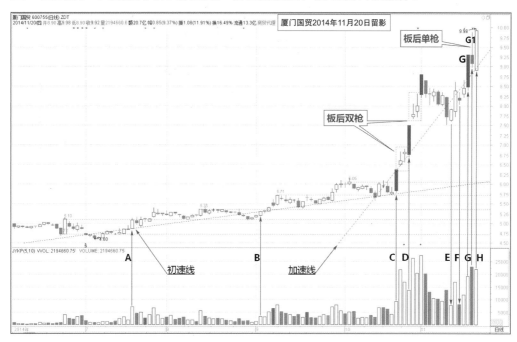

图 11-4　厦门国贸 2014 年 11 月 20 日留影

再看图中 C 柱和 D 柱两个涨停板的后面各有两个向上跳空的小阳，都带有向上下长引线，量学此前的教材中将它们称为"板后二牛"或"板后双剑"，为了简化战法、统一标准，本次修订版将之称为"板后双枪"，即涨停板后只要有上下长引线的两个跳空小阳，都称为"板后双枪"。

第五节　"板后下行"三部曲（山水文化）

所谓"板后下行"，就是在板价下方运行。除了长期在板价下方运行之外，主要有"板后单休""板后双休""板后三休"等三种建构。因为这三种建构可以单独存在，所以称之为"三部曲"；有时候，这三者互相依托，相辅相成，又可以称之为"三步曲"。

请看图 11-5"山水文化 2014 年 6 月 13 日板后三部曲"。

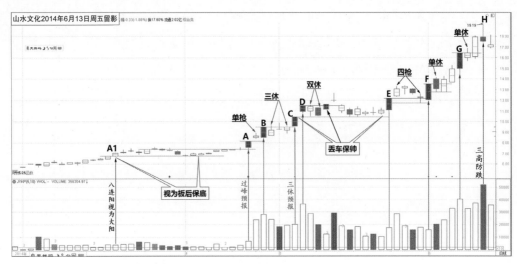

图 11-5　山水文化 2014 年 6 月 13 日板后三部曲

图 11-5 是 2014 年 7 月清华大学量学特训讲义中的板后三部曲案例。

先看右侧 G 柱，涨停板，次日收于 G 柱板价下方，次日大阳，即板后单休。

再看右侧 F 柱，涨停板，次日收于 F 柱板价下方，次日大阳，也是板后单休。

再看 D 柱右侧，连续两天在 D 柱板价下方，第三天涨停，即板后双休。

再看 B 柱右侧，连续三天在 B 柱板价下方，第四天涨停，即板后三休。

判断方法：与王牌柱的判断标准相似，以板价实顶线为标准，来判断三种运行方式。

凡在板价上方运行的，为板后上行，均视为板枪。

凡在板价下方运行的，为板后下行，均视为板休。

凡在板价上下运行时间超过五天的，为板后横行。

图 11-5 中的 C 柱和 E 柱之间有一段下跌休整行情，D1 涨停后连续七天下跌休整，牺牲了 D1 柱，但没有跌破 C 柱实底，这就是主力的"丢车保帅"手法，相当于守上击下的"双线战法"。因为其下跌休整时间超过五天的标准，所以量学称之为"板后横行"。

第六节　"板后横行"三部曲（东方能源）

所谓"板后横行"，特指在板价上下运行五天以上，必须不破涨停板基柱的，称之为"板后横行"。它主要有"板后护顶""板后护腰""板后护底"三种建构。这三种建构可以用回踩黄金线判庄的方法来判断庄家性格。"板后护顶"的为强庄，"板后护腰"的为精庄，"板后护底"的为狡庄。

请看图 11-6"东方能源 2014 年 6 月 24 日板后横行"案例。

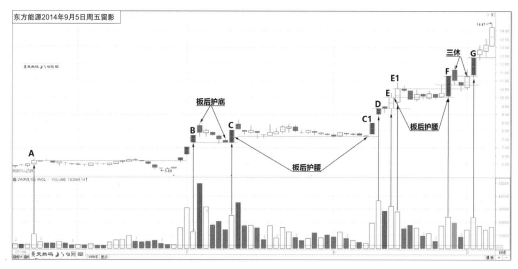

图 13-6　东方能源 2014 年 6 月 24 日板后横行

图 11-6 是 2014 年 7 月清华大学量学特训讲义中的板后三部曲案例。

先看 B 柱，涨停，其后连续 5 天休整，第 6 天 C 柱精准踩着 B 柱实底涨停，属于"板后护底"。

再看 C 柱，涨停，其后连续 21 天休整，休整的实底未跌破 C 柱腰部，第 22 天在 C1 柱涨停，属于"板后护腰"。

再看 D 柱，涨停，次日阴柱收在 D 柱实顶上方，属于单休，次日连续两天大涨至 E1 柱（相当于涨停）。

再看 E1 柱，大阳，其后在 E1 实顶线下连续休整七天，未破 E-E1 的二一位即 E 柱实顶线，属于"板后护腰"，第八天涨停（见 F 柱）。

再看 F 柱，涨停，其后 3 天在板价实顶线下休整 3 天，属于"板后三休"，第 4 天涨停（见 G 柱）。

以上案例告诉我们一个简单预判方法：

我们可以不用记忆"板后三行"的九种具体形态，只要记住涨停板后面的"实底不破"这个要素，就能在其抬头的第一时间擒拿大涨或涨停。

第七节 "端午七牛"三部曲（正川股份）

股海明灯论坛的许多读者留言：王子老师今年的"端午七牛"确实牛，和春节选股练习"8组24票"有异曲同工之妙！其中正川股份从预报后大涨了259%，您是怎么选出来的呢？

实话实说，这是用多种方法选出来的，但主要是运用了"板后三部曲"的逆向思维原理发现的。现在解读如下：

请看2020年王子端午选股练习的七牛之一"正川股份2020年8月4日留影"（见图11-7）。

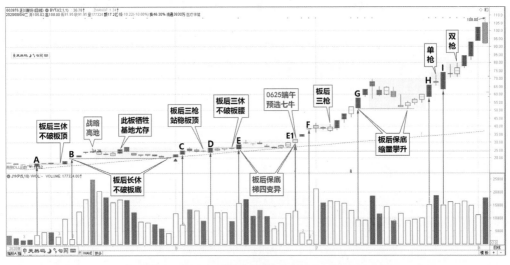

图 11-7　正川股份 2020 年 8 月 4 日留影

如图 11-7 所示，端午节的前一天（见图 11-7 的 E1 处）是 2020 年 6 月 24 日。

E 柱是涨停板，其后连续 8 天缩量休整，未破 E 柱实底，"板后保底"的动作出来了，其后能否涨停呢？我仔细看了 E1 柱左侧的建构，有如下几个要点：

第一，E1 柱是"梯四变异"，本身过了左峰，过了 E 柱、D 柱、C 柱、B 柱、A 柱这五个涨停板标杆；

第二，A、B、C、D、E 这 5 个涨停标杆后面，或板枪、或板休、或板护，各有"板后三行"的成功涨停，说明这是一个技术醇熟的强庄；

第三，从 A 柱看过来，A、B、C、D、E 是 5 个涨停板组成的 5 个王牌柱，形成了五级涨停板黄金梯，杠杠的黄金梯！所以，作者看中了它。

最重要的是，从C柱开始，该股就过了B柱右侧的这个"战略高地"，一旦过了"战略高地"，就要发动"战略进攻"，所以作者选它为"七牛之一"。

2020年的"端午七牛"是跨境通、深华发、光大证券、蓝英装备、正川股份、戴维医疗、北玻股份。（详见微信公众号"盘前预报123"2020年6月29日节后首日预报）

以上逆向伏击的方法和技巧，不是一蹴而就的，必须训练一段时间后，对"涨停后再涨停的股票"有一定认识，待熟悉涨停板基因的效果之后，或者连续伏击10个涨停板之后，才可以运用逆向思维顺藤摸瓜，在其启动之时或涨停之前伏击之，这样才算进入逆向伏击的境界。

我们的《伏击涨停预报表》规定，24小时内只能预报3只股票，那么，学员可以盘前预报1只，重在训练眼光；盘中预报1只，重在训练反应；盘后预报1只，重在提升感悟。长期坚持下去，必将取得意想不到的收获。

第十二章
价升量缩 择机做多

传统理论反复强调："无量上涨，抛不商量""价升量缩，必然下挫"。

量学理论与之相反："无量上涨，新高在望""价升量缩，择机做多"。

面对同一种股市现象，为什么量学理论与传统理论会得出截然相反的两种结论呢？本章将为读者解开这个"反传统"的、"全方位"的涨停密码，这就是"价升量缩，择机做多"。

所谓"全方位"，就是不论什么行情下，它都能起决定性作用。股市有风险，入市需谨慎。希望大家对照案例认真理解，经过充分的模拟操作，在真正感受到其中真谛之后再做实盘操作。

第一节　价升量缩的基本原理（上海物贸）

所谓"价升量缩"，就是在某一天的走势图上，昨天与今天对比，今天的价柱上升而量柱却缩小，就叫作"价升量缩"。特殊情况下，可以隔日对比，或隔波段对比，那是另一种基因，另有讲解。

量学理论总结的"三先规律"，是反传统的三个规律。简言之，即："卖在买先"，如果没有人卖，你想买也买不到；"价在量先"，如果卖出价高于你的预期，你肯定就不会买；"庄在散先"，庄家是决定股票当前价格的推手，散户只能跟随庄家买卖。

所以，任何一根量柱都是卖出来的。没有人卖，你就买不到；如果某个价位没有人卖，你给他高一点（或低一点），他就可能卖出来了。正是基于这个原理，"价升量缩"这个基因一下子体现了三个规律，是"全方位"的涨停基因，所以它好用、管用、实用。

看图 12-1 "上海物贸 2013 年 8 月 29 日午盘留影"。

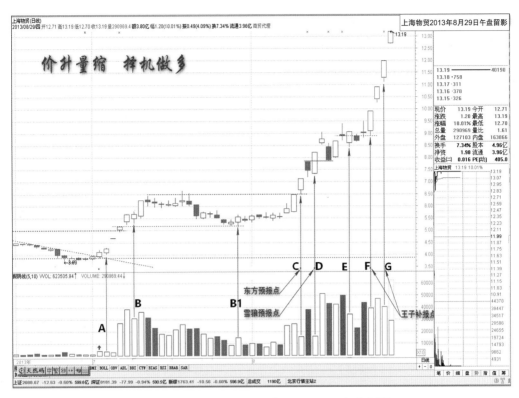

图 12-1 上海物贸 2013 年 8 月 29 日午盘留影

图 12-1 中有 A ～ G 七个箭头，每个箭头都是"价升量缩"的标注。

请看这七处"价升量缩"右边的走势，都是向上的，除了 D、E 两处的次日不是涨停之外，其余五处的次日都是涨停板。这就是"价升量缩"的魅力。

"价升量缩"的第一层含义，是充分体现了"三先规律"，我们说"跟着规律走，勤奋出高手"，就是希望大家认真领会规律，掌握规律，运用规律。

"价升量缩"的第二层含义，是庄家的控盘良好，价格升了，应该有人卖出股票呀，可是量却缩小了，显然这个价位没有股票卖出来，被庄家控盘了。

"价升量缩"的第三层含义，是当前的价格还要升。因为价升量缩，没有人卖，只有用更高的价格"制造卖出的欲望"，才能让股票卖出来。

第二节　价升量缩的经典运用（拓维信息）

在众多涨停基因中，"价升量缩"是唯一一个可以用单个基因来做预报的。对于"上海物贸"这只股票，我们黑马工作室的战友们先后预报了 5 次，全部都是用"价升量缩"这一个涨停基因来预报的，这五次预报全部成功。

为什么"价升量缩"基因的命中率这么高？这其中还有一个奥秘。

如图 12-1 所示，作者预报"上海物贸"的五个位置，都是"价板量缩"，也就是"缩量涨停"。用前面讲过的规律来分析，股价涨停板了，量柱却缩小了，这是什么原因？这是"涨停板的价位"不能引发"卖出的欲望"，因为没人卖，当然就缩量，那么，其后的走势只有一个方向，那就是向上。

再看图 12-2"拓维信息 2013 年 8 月 29 日午盘留影"。

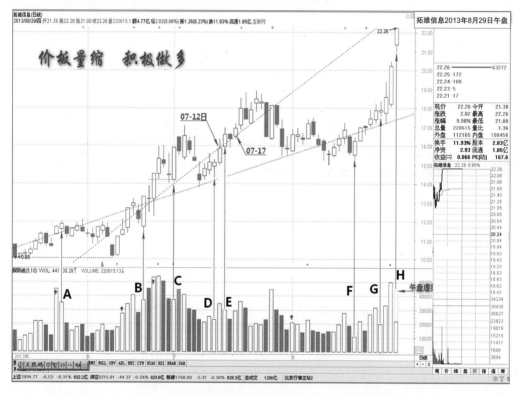

图 12-2　拓维信息 2013 年 8 月 29 日午盘留影

图 12-2 中也有 A ~ G 共 7 个箭头，这 7 个箭头中只有 B、C 是"价板量缩"，其余的情况就复杂了。我们依次分析如下：

A：价升量缩，价柱升得很小，不坚决，显犹豫，此后走势回落；

B：价板量缩，价柱升得很大，很坚决，不犹豫，此后涨势很好；

C：价板量缩，价柱升得很大，但量柱缩得很小，此后走势稍涨即落；

D：价平量缩，价柱几乎持平，但量柱明显缩小，此后走势蒸蒸日上；

E：价升量缩，价柱跳空向上，但量柱明显缩小，此后走势连涨七天；

F：价升量缩，价柱突破阴半，但量柱缩小三一，此后走势连涨七天；

G：价平量缩，价柱升得很小，但量柱缩得很大，此后走势突破左峰；

H：价板量缩，价柱封住涨停，但量柱明显缩小，此后走势大家想想。

本案中最值得对比的是 D 柱和 F 柱，这两处的价柱基本一样，由于其量柱的缩小幅度不同，其后的涨势截然不同。

图 12-2 中的"拓维信息"我们也做过五次预报，但预报效果没有图 12-1 的"上海物贸"好。为什么？因为"拓维信息"的"涨停板基因"中，很少"价板量缩"的。由此可见，最经典的"涨停板基因"就是"价板量缩"，而且缩量越大越好。一旦缩量达到四分之一，可以说"价板量缩，积极做多"。

我们给"拓维信息"留影，就是看到其上午虚拟量柱明显缩小，有继续缩小的趋势。收盘后再看，它已缩量二分之一，所以其后的走势必然向上，一不小心就是一个涨停板，甚至进入主升浪。

综上所述，量是决定因素。我们有些读者习惯于只看价柱而忽视量柱，殊不知，量柱里面藏着股市最基本、最扎实、最牢靠的潜力。所以，我们的所有技术统称为"量学"。"量学"就是"亮学"，让你心明眼亮之学。

"量学"要求大家"换种眼光看股市，换个手法做股票"，当你用"量学"来看股市的时候，你会突然发现一个崭新的世界，一个充满活力和动力的世界。当别人都在哀叹赚不到钱的时候，你却可以唱着歌赚钱。

第三节　价升量缩的涨停规律（排行分析）

作者于 2013 年 8 月 29 日发表了《价升量缩，择机做多》的文章。次日（8 月 30 日）即得到市场验证。8 月 30 日两市共有 49 只股票涨停，除去 8 只复牌涨停的以外，两市共有 41 只股票涨停，其中有 30 只股票属于"价升量缩系列"。

这 30 只股票的"价升量缩"很值得玩味。让我们一个不漏地依次查看，你会发现其中隐藏着一个规律：

上海电器 8 月 29 日：价升量缩，次日涨停；

中海发展 8 月 29 日：价升量缩，次日涨停；

盐田港 8 月 29 日：价升量缩，次日涨停；

柘中建设 8 月 29 日：价升量缩，次日涨停；

中江地产 8 月 29 日：价升量缩，次日涨停；

珠海港 8 月 29 日：价升量缩，次日涨停；

中国中期 8 月 29 日：价升量缩，次日涨停；

厦门国贸 8 月 29 日：价升量缩，次日涨停；

深赤湾 8 月 29 日：价升量缩，次日涨停；

美尔雅 8 月 29 日：价升量缩，次日涨停；

南京港 8 月 28 日：价升量缩，隔日涨停；

申达股份 8 月 28 日：价升量缩，2 个涨停；

厦门港务 8 月 29 日：价升量缩，次日涨停；

重庆港九 8 月 29 日：缩量三一，次日涨停；

兰生股份 8 月 29 日：缩量三一，次日涨停；

张江高科 8 月 29 日：缩量三一，次日涨停；

龙头股份 8 月 29 日：缩量三一，次日涨停；

爱建股份 8 月 29 日：缩量踩线，次日涨停；

中国国贸 8 月 29 日：缩量踩线，次日涨停；

申能股份 8 月 29 日：缩量踩线，次日涨停；

津 劝 业 8 月 28 日：缩量踩线，2 个涨停；

津滨发展 8 月 28 日：缩量踩线，2 个涨停；

东方创业 8 月 29 日：涨停缩量，次日涨停；

上海物贸 8 月 29 日：涨停缩量，次日涨停；

天津海运 8 月 29 日：涨停缩量，次日涨停；

浦东金桥 8 月 28 日：涨停缩量，连续 2 个涨停；

上港集团 8 月 27 日：涨停缩量，连续 4 个涨停；

华贸物流 8 月 23 日：涨停缩量，连续 4 个涨停；

锦江投资 8 月 26 日：涨停缩量，连续 4 个涨停。

看完上述针对性分析，我们对"价升量缩"这一现象，是不是应该重新认识呢？
其中的涨停规律是什么呢？

一、作者所带人大特训班学员总结"价升量缩"的涨停规律如下：

第一，价升量缩的，次日涨停概率较大；

第二，缩量踩线的，连续涨停概率较大；

第三，涨停缩量的，连续涨停概率很大。

二、作者所带清华特训班学员总结"价升量缩"的伏击要领如下：

价升量缩目标股，首选过峰或底部；

低点设好平衡线，回踩不破大胆入；

日前量柱用四除，早盘看势用八除；

线上伏击线下望，穿线出局不要赌。

第十三章
平斜交叉　不上必下

量学认为，股市的力学建构是动态的平衡。其平衡的过程由"平衡线"和"斜衡线"的动态建构来刻画和调整。

"平衡线"是对股价涨跌幅度的刻画，它只能展示股价涨跌的价格区间，却无法展示股价涨跌的速度和时间。

"斜衡线"是对股价涨跌速度的刻画，它只能展示股价涨跌的方向趋势，却无法展示股价涨跌的幅度和空间。

一旦将"平衡线"和"斜衡线"结合起来，形成"平斜交叉建构"，就能互补互助，将股价涨跌的幅度与速度、时间和空间展示在我们面前。只要运用得当，其时间误差仅为几个小时。

第一节　平斜交叉的经典案例（拓维信息）

2013 年 8 月 29 日，作者在《证券市场红周刊》发表了《价升量缩，择机做多》一文，截图点评了"上海物贸"和"拓维信息"两只股票。其中对"拓维信息"的预报原文如下："其后走势必然向上，一不小心就是一个涨停板，甚至进入主升浪"。下面是当时发表的截图，见图 13-1"拓维信息 2013 年 8 月 29 日午盘留影"。

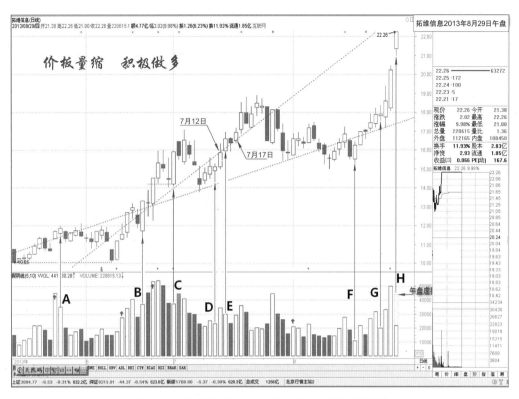

图 13-1　拓维信息 2013 年 8 月 29 日午盘留影

从图 13-1 的形态可以看出，"拓维信息"当天午盘呈"价板量缩"状，后市应该看涨。但是，第二天（8 月 30 日周五）却大跌 5.44%，最低价 20.60 元，几乎达到跌停板。于是，作者接到许多电话询问：你这只股票怎么了？当天正好是周末，作者在特训群里提出这个问题，和学员们展开了如下热烈的讨论：

王子发言：8 月 30 日周五两市共有 49 只股票涨停，除去 8 只复牌涨停的以外，有 30 只股票属于"价升量缩系列"。唯独王子昨天（8 月 29 日）预报的"拓维信息"没有涨停，反而几乎跌停，为什么？

学员甲回复：那是因为王子老师点评了的，所以主力要反向操作，先清洗跟风盘，然后再上！

王子答曰：不对。"上海物贸"和"拓维信息"是王子在同一篇预报文章中点评的，为什么前者涨停了呢？王子不才，人微言轻，主力绝不会把王子放在心上。所以，我们不应该把失误推到别人身上，不要被一时的大跌影响了对预测的分析，而应该从更深层次寻根溯源，从预报理由中探究其中的奥秘。提示：奥秘就在 8 月 29 日发表的两幅走势图的画线上。

学员乙问：看过这两幅图了，"上海物贸"没有画线，"拓维信息"画了线，难道王子老师料到拓维信息将要触线大跌？

王子答曰：否！王子预测该股会大涨，甚至会进入主升浪，这是被《证券市场红周刊》黑字印在白纸上的事实。但是在进入主升浪之前，王子考虑到它可能在平斜交叉处受阻回落，且最多可能回落 2 ~ 3 个点，在 8 月 29 日的开盘价附近向上，实在没料到会下跌 5 ~ 6 个点。如此大跌，极为凶悍，出乎意料。

学员丙说：王子老师预报的股票往往都有后劲，今日在平斜交叉的下方，应该大跌；但大跌而不破其下方左峰线，说不定明天还要大涨呢。

第二天（即 2013 年 9 月 2 日周一）验证，果然如学员丙说的，该股悍然涨停。且此后连拉 3 个涨停板，至 9 月 5 日周四以 29.77 元涨停收盘。

"拓维信息"在其几乎跌停的次日，为什么会涨停呢？

这就是本章所要讲解的核心内容——"平斜交叉"。

第二节　平斜交叉的基本原理（拓维信息）

所谓"平斜交叉"，特指"平衡线"与"斜衡线"的交叉建构（详见《量线捉涨停》一书的讲解）。

"平衡线"是对股价涨跌幅度的刻画，它只能展示股价涨跌的价格区间，却无法展示股价涨跌的速度和时间。

"斜衡线"是对股价涨跌速度的刻画，它只能展示股价涨跌的方向趋势，却无法展示股价涨跌的幅度和空间。

但是，只要将"平衡线"和"斜衡线"结合起来，一旦形成"平斜交叉结构"，就能互补互助，将股价涨跌的幅度与速度、时间和空间全部展示在我们面前。只要运用得当，其时间误差仅为几个小时。

"平斜交叉建构"的力学原理告诉我们：

若股价重心处于平斜交叉上方，看涨，且往往有中到大阳出现；

若股价重心处于平斜交叉下方，看跌，且往往有中到大阴出现。

来看图 13-2"拓维信息 2013 年 9 月 5 日收盘留影"。

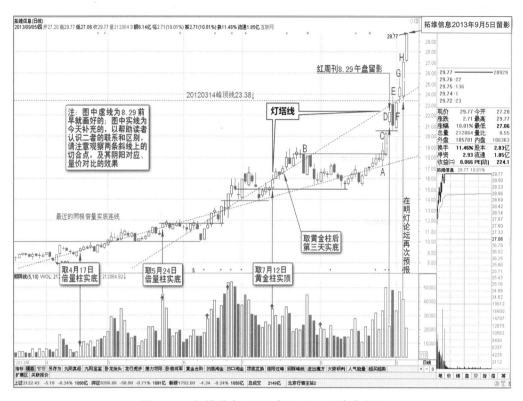

图 13-2　拓维信息 2013 年 9 月 5 日收盘留影

从图 13-2 中可以发现，"拓维信息"当前的"平斜交叉建构"已经生成：

（1）其当前的平衡线是 2012 年 3 月 14 日峰顶线；

（2）其当前的斜衡线是 2013 年 7 月 12 日—2013 年 7 月 17 日灯塔线。

图 13-2 中的 E 柱为 2013 年 8 月 30 日的大跌，当时该柱正好处于 2012 年 3 月 14 日峰顶平衡线和 2012 年 7 月 12 日—2012 年 7 月 17 日灯塔斜衡线的交叉处，根据"平斜叉上看涨，平斜叉下看跌"的原则，E 柱当日重心在叉下，应该下跌。跌到什么位置呢？根据王子盘前的预测，应该跌到 D 柱的实顶或实底一带。但是该股主力却跌破 D 柱的实底和虚底，最低点几乎打到 C 柱的虚顶。这是我们始料不及的。但现在看来，这个主力在这个位置、在这个时点、用这种手法，相当精妙，甚至可以说绝妙！

图 13-2 中间的一条线即 2012 年 7 月 12 日—2012 年 7 月 17 日斜衡线，它是取 7 月 12 日黄金柱实顶和黄金柱后第三天 7 月 17 日的实底连线而成。王子 8 月 29 日截图时，它正好与上方的平衡线交叉于第二天（E 点），形成了"平斜交叉点"。根据量学的动态力学原理，"平斜叉上，往往有中到大阳；平斜叉下，往往有中到大阴"。这就是王子预测 E 柱将要回调 3 ～ 5 个点的原因。

次日大跌，出乎意外，却也符合量学规律，因为平斜交叉的下方，往往有中到大阴出现，所以不必惊慌。这就是上面特训班学员讨论的理论基础。

A柱（8月27日），该线当值17.20元，与8月27日价柱的最低点不谋而合，这叫作精准回踩；而A柱的实顶高于其左侧B柱，这叫作"踩线过左峰，往往有一冲"。

C柱（8月28日），该柱低开高走突破左峰B，已经发出了上攻信号，引起了我们的关注，所以在D柱（8月29日）早盘发布预报。

以上叙述可能复杂了一点，现在作如下分析。

（1）E柱处于"平斜交叉结构"上，进可攻，退可守。许多即将上攻的好票就是在这个位置进行必要的停顿休整，以震慑投资者。

（2）E柱的价柱，高开低走，显然是被动撤退，其最低点与C柱的最高点相差0.14元，有下跌被撑的感觉。

（3）E柱的量柱，比昨日放大一倍，却跌不破这0.14元的撑力，说明主力在此是顺势而为，向上遇阻则下（因为"平斜交叉"），向下遇撑则上（因为"顶底互换"）。收放自然，控盘自如。

（4）E柱次日的F柱，低开高走，直冲涨停，其涨停位刚好抓住0712斜衡线，也就是抓住了"平斜交叉"的核心。从接近跌停到直冲涨停，一下一上，转瞬之间，兵临城下，蓄势待发。为日后连续两个涨停板打好了基础。

这种算计，非常合乎平斜交叉量价均衡的科学原理。

第三节　平斜交叉的力学原理（上证日象）

最好的斜衡线，往往就是太极线。太极线就是量价阴阳（盈亏）均衡线。股市的普遍规律就是阴阳（盈亏）平衡，太极线就是对最近的阴阳力量和盈亏力道的平衡线。它是由两根特定量柱所对应的特定价柱连线而成，形成阴阳平衡、量价互补、盈亏相济的均衡线，也是进可攻退可守的攻防线。

有头脑有智慧的主力，为了节省资金创造效益，往往不知不觉地沿着太极线的方向和力道运作，因为借助太极线的力道，可以起到四两拨千斤的效力。太极线有阳四线、阴四线，这里只讲解其中一种，让大家感受"平斜交叉"的魅力。

来看图13-3"上证指数2013年9月4日三线留影"。

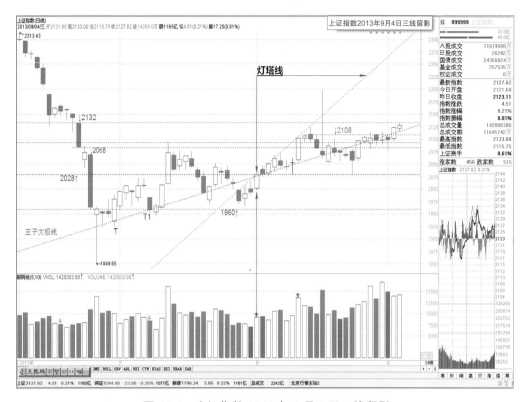

图 13-3 上证指数 2013 年 9 月 4 日三线留影

图 13-3 中的"王子太极线",就是取 2013 年 6 月 25 日大盘见底后出现的两个最近的大阳和大阴的实底连线,即用 6 月 28 日大阳实底 T 和 7 月 8 日大阴实底 T1 连线,这个方法早在 2013 年 8 月 19 日就和大家讲解过,作者发现许多网友的截图上已经运用得很好。建议读者在自己的电脑上画出来,沿着此线的走向,就能体会其中的奥秘和乐趣了。

乐趣一:先请大家关注图示中的 2132 平衡线。2013 年 9 月 4 日最高点是 2133 点,比图中的 2132 平衡线高出 1 个点;今日最低点是 2115 点,比王子太极线也高出 1 个点。最高点和最低点同时高出 1 个点,上下呼应,平斜关联,且这么精准完美,让我们看到了规律的科学。

乐趣二:作者在 2013 年 9 月 3 日写的午评标题是《6 天 8 个精准说明了什么》,有网友留言说"这是王子量线的神奇"。错了!特训班的同学说"这是合乎规律的科学展示,说明最近的行情摆脱了乌龙影响,走出了合规合律的行情"。这就答对了!结合当天的行情来看,应该是"7 天 10 个精准",这就强化了特训班学员的观点,让我们看到了科学的力量。

乐趣三:如果我们再把眼光放远一点,看看从 2013 年 6 月 25 日大盘见底以来的行情，看看我们 7 月 10 日画出太极线以来的走势，数数近两个月以来这条太极线上切合的精准点，你会大吃一惊：竟有 25 个精准点。可以这么理解，王子盘前预报的精准并非什么神奇，靠的就是平衡线和斜衡线刻画在盘面上的直观参数。

从图 13-3 中还可以看出，太极线依然是当前行情的中枢。大盘沿着太极线运行，就是健康的，否则就要出问题。当前处于"平斜交叉"附近，站稳 2132 点，可能上探 2264 点；站不稳的话，就要考验 2108 点。

【两个月后验证】以上预测图发表的第二天（即 2013 年 9 月 6 日），大盘果然冲过 2132 平衡线，最高上探 2270 点。

见图 13-4"上证日线 2013 年 10 月 30 日留影"。

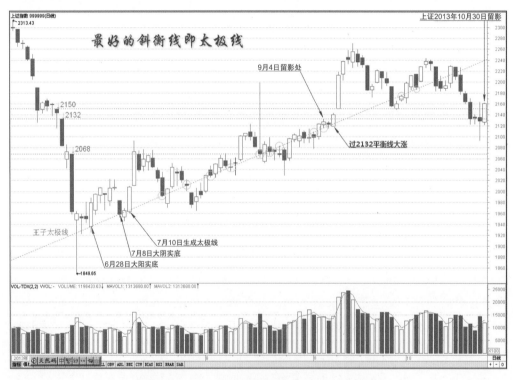

图 13-4　上证日线 2013 年 10 月 30 日留影

第四节　平斜交叉的涨停奥秘（拓维信息）

当我们弄懂了斜衡线的力学原理，再回头来看"拓维信息"，就会突然感觉到一种从未有过的顿悟。见图 13-5"拓维信息 2013 年 9 月 5 日收盘留影"。

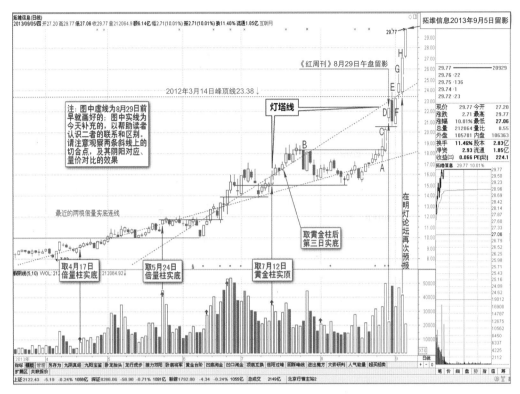

图 13-5 拓维信息 2013 年 9 月 5 日收盘留影

从力学的角度看，图 13-5 的上下两条斜衡线仿佛两个翘翘板，价柱就好比一个运动员，当价柱这个运动员在 A 柱精准回踩下方的 0417 斜衡线时，已感受到了翘翘板左侧精准点的夹角赋予它向上的弹力，所以稍稍用点力（增量 1/4）即过左峰 B。

正是因为 A 柱轻松过左峰 B，所以 C 承 A 力，踩着 B 的跳板轻松弹起，完全突破了 B 的阻力，才有 D 柱的缩倍量涨停。

到 E 柱接力上攻时，刚好处于上方 0712 斜衡线与 0314 峰顶平衡线的"平斜交叉处"，量学原理是"叉上看涨，叉下看跌"，E 柱在攻击 2012 年 3 月 14 日峰顶平衡线 23.38 元时，感受到上方有抛压，于是聪明的主力迅速回撤，让 23.38 元上方的筹码全部在 21 元左右拱手交出。

次日 F 柱，踩着昨日 E 柱的最低价开盘，轻松涨停于 0314 平衡线的下方，相当精明，躲过了平斜交叉处的压力，同时以涨停板兵临城下，为次日 G 柱过左峰缩短了攻击距离。

H 柱的开盘非常经典，首先是精准踩着 2012 年 7 月 12 日—7 月 17 日斜衡线开盘，接着是最低点精准回踩 2012 年 3 月 14 日峰顶平衡线而腾跳，同时又是"跳空过叉"，一柱三处精准，充分借助了"叉上看涨"的力学原理。

也许这个庄家没有学过量学，也没有想到利用太极线来操盘，但他的操盘却合乎太极线的原理，四两拨千斤。可以说，这是实践对理论的精彩验证。

综上所述，该股启动时踩着太极线，回落时拽着太极线，过峰时撑着太极线，处处展现着太极线刚柔相济、阴阳平衡的魅力。

这就是有些股票能轻松涨停的奥秘。

第十四章
站稳凹峰 即将上攻

中医治疗有一个绝招，那就是"点穴"。因为"穴位"是人体经络最关键的部位。只要"点穴"到位，可以收到"手到病除"的奇效。

量学看盘选股有一个绝活，也是"点穴"。因为任何一只股票的走势，都是由其关键"穴位"的量价阴阳关系决定的，要想擒牛捉马，你只要盯住几个关键"穴位"就行。只要"点穴"到位，也可收到"一不小心就涨停"的奇效。

本章将要介绍的这个股票"穴位"，就是"凹峰"。

第一节 凹峰的形态特征（厦门港务）

"凹峰"是"凹间峰"的简称。所谓"凹间峰"，就是在一段波谷中间所"凸"起的或大或小的"峰"。"凹间峰"的形态千变万化，不可名状，但是其最明显的特征只有一个，它好比"山"字中间的那"一竖"，但它不是高出来的，而是稍低或持平，活像一个躺着的"E"字。

来看图 14-1 所示的"厦门港务 2013 年 9 月 17 日收盘留影"。

图 14-1 中有一大一小两个"凹形"，"小凹"中间的 A 柱，"大凹"中间的 B 柱，就是"凹间峰"。

凹间峰的特点如下所述。

第一，凹间峰的价柱，往往是当前最大的量柱，如 A 柱和 B 柱。

第二，凹间峰的价柱，往往是主力前期的假阴真阳，如 A 柱、B2 柱。

第三，以凹间峰的大阴实顶画水平线，往往与其附近的价柱有 3 个以上的契合点，形成凹间峰精准线，如 A 线和 B 线。

第四，以凹间峰的大阴实顶或虚顶画出水平线，其右侧往往是中到大阳，如A1和B1。

第五，与凹间峰对应的中到大阳的次日或附近，往往有回踩凹间峰线的动作，如A1和B1的次日，回踩得非常精准，为了保持画面简洁，图中省略了画线，大家可以另外补充画线，以加深理解。

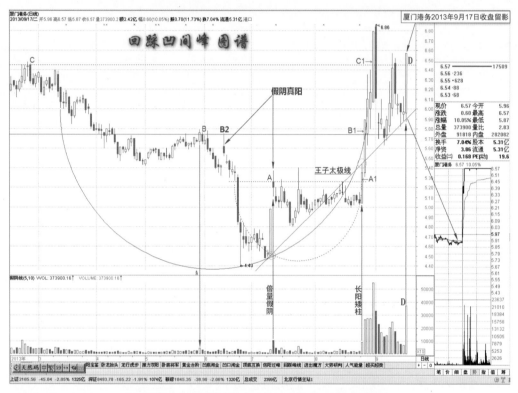

图 14-1　厦门港务 2013 年 9 月 17 日收盘留影

根据上述"凹间峰"的 5 个特点，凡是在股价回踩凹间峰线并向上翘起时，往往就是伏击的机会，如图中 A1、B1 次日的位置。

2013 年 9 月 16 日（周一）两市共有 28 只正股涨停，其中就有 15 只股票属于"回踩凹间峰"涨停。次日即 2013 年 9 月 17 日（周二）股市大跌，可两市依然有 18 只正股涨停，其中有 10 只股票属于"回踩凹间峰"涨停。其中，江山化工、长城集团、大东海这 3 只股票就很典型。

是不是所有的凹间峰都值得我们去伏击呢？答案是否定的。它们必须是具备上述 5 个特点的凹间峰，同时遵循如下方法和规律，才能伏击。

第二节　凹峰的伏击方法（国际实业）

作为一种涨停基因，"凹间峰"是主力行为的重要标识。

从凹间峰的结构上可以看出，凹间峰的上攻，往往是主力在凹底向上的第一波攻击，而第一波攻击往往带有试探性和侦察性，也叫火力侦察区。如果一旦发现市场抛压或对手盘的打压，主力就会及时撤退，于是形成第二个小凹，如图 14-1 中的 A 与 A1 段、B 与 B1 段。

对于凹间峰的伏击，必须使用"二号战法"，即观察第一波、盯住第二波，口诀是"一四等、二四盯，三四过线就紧跟。"在股价回踩凹间峰，站稳凹间峰顶线并向上翘起时，才能扣动扳机。否则，如果我们在第一波跟随进去，往往很容易被暂时套住，有时甚至相当痛苦。

从"厦门港务"（见图 14-1）的走势来看，若在 A 点跟随进去，就会有长达31 天的套牢之苦；若在 C1 点跟随进去，也有 11 天的痛苦煎熬。所以，凹间峰的伏击主要用"三号战法"和"倍量伸缩战法"，灵活机动地打"回合"。

来看图 14-2"国际实业 2013 年 9 月 17 日收盘留影"。

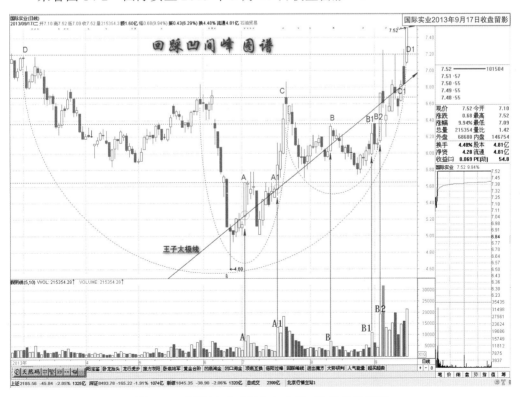

图 14-2　国际实业 2013 年 9 月 17 日收盘留影

如图 14-2 所示，图中明显有三个凹，实际是四个凹。A 峰是第一个凹，B 峰是第二个凹，A、B 峰之间的 C 峰是第三个凹，A、B、C 三峰合作抬出的 D 峰（最左侧）是第四个凹。这是"大凹"。

"大凹"中间还有"小凹"，例如 C 和 C1 之间这个凹里，C-B 是第一小凹，B-B1是第二小凹，B1-B2 是第三小凹。按照量学标准，"一凹等、二凹盯，三凹过线可紧跟。"这里就应该在 B2 柱突破 B-B1 凹峰线时跟进。

每一个"凹形"，就是一个"回合"。几乎所有的股票都能找到这样的"回合"。也就是说，"凹间峰"适合很多股票的操作，只要应用得当，收益是相当可观的。"国际实业"这只股票，可以这样操作：

A1 柱突破 A 线时或 A1 柱次日回踩左阴实顶不破时，可介入；

C 柱次日，跳空高开低走，假阴真阴当日当真阴看，可退出；

B2 柱次日，双剑合璧，第二天收在凹间峰线上方，可介入。

由此可见：

第一，发现合格的"凹间峰"是最关键的第一步，因为"凹间峰"是主力的"定向炸弹"，其未来的发展方向多数是向上的。

第二，从图 14-2 "国际实业"中可以发现，这里的伏击窍门和《量柱擒涨停》一书中的"凹口淘金"有异曲同工之妙，也就是把凹间峰作为左侧凹口，直接用"凹口淘金战法"来对付；回踩凹间峰线时，用"金坑淘金战法"来对付。

第三，在第二轮攻击之前，小凹处一定要有其他涨停基因的配合。如图 14-2 中的 A1 左侧，就是"卧底黄金柱"起了作用；B2 左侧，就是"倍量伸缩"基因起了大作用。

综上所述，我们切切不可只见凹间峰，而忘了黄金柱。量学的一切战术，都是基于量柱的。离开了量柱，任何一种战法都是"无源之水，无本之木"。我们的读者切切不可缘木求鱼，舍本逐末。

第三节 凹峰的运行规律（桑乐金）

来看图 14-3 "桑乐金 2013 年 9 月 18 日午盘留影"。

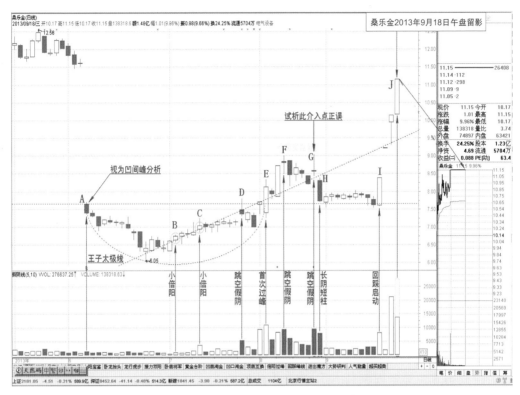

图 14-3　桑乐金 2013 年 9 月 18 日午盘留影

来看图 14-3"桑乐金 2013-09-18 午盘留影",这是特训班学员在 G 柱介入的一只股票。现在用前面讲过的知识,回答如下问题:

第一,在 G 柱介入对不对?为什么?

第二,这只股票的最佳介入点在哪儿?

对于第一个问题,有人认为在 G 柱介入是完全正确的。因为 G 柱是向上跳空的"假阴真阳",并且过了凹间峰 F;其最低点精准回踩太极线上方 1 分钱,有浮力;看 G 柱下方对应的量柱含蓄,为倍量柱。所以,按照量学的基本原理,完全应该介入。

王子点评: 这位学员用量学的基本原理大胆发表自己的见解,是很好的。但是,上述判断有两个原则上的错误——"假阴真阳"和"凹间峰"的判断错误。

第一,在"凹间峰"F 右侧的第一波介入是错误的。本案 G 柱的上攻是第一波,第一波往往是试探,所以我们应该"一凹等、二凹盯、三凹过线可紧跟"。 所以 G 柱不宜介入。

第二,对于"假阴真阳"的介入,量学一直强调的方法是"当天重点关注,次日择机介入"。因为"假阴真阳"次日上涨,是强庄;次日下跌,可能就是精庄,或者是狡庄。所以,"次日择机介入"是对付"假阴真阳"的基本法则。图 14-3

中在 G 点介入，不符合"次日择机介入"的原则，显然是情绪急躁了。

第三，判断"假阴真阳"的一个重要标准是"量能超前"，图中 G 柱的量能只是倍量，含蓄，与其左侧的 F 柱基本持平，说明这里的含蓄只是试探，是佯攻，极有可能还要回调，以完成"过峰保顶"，即突破 A 峰之后再回踩 A 峰平衡线，所以 G 柱不宜介入。

第四，该学员的判断只是停留在静态分析上，没有结合动态分析和规律分析，因此，得出的结论停留在表面，没有挖掘深层的内涵。图 14-3 中，共有 D、F、G 三个"假阴真阳"，前两个假阴真阳的次日都是下跌，但下跌的幅度不大，即回归太极线附近。根据其前面两个假阴真阳所体现的性格，这是一个精庄，所以，当第三个假阴真阳出现时，我们就可以预测到它的后面还有下跌，显然在 G 柱不宜介入。

关于第二个问题，我们应该在什么位置介入呢？

该股在 E 点冲过凹间峰之后，没有一次像样的回踩动作，也就是说，其上攻没有根基。根据前面两个假阴真阳的动作，暴露出这个庄家是精庄，根据精庄的性格特点，必然还有回踩的动作，所以，"回踩凹间峰，站稳即上攻"最能对付这个精庄。

由此可见，当它回踩 A 线，向上过 H 柱的二一位时，才是最佳介入时机。从图 14-3 中可见，在 I 柱的中段，即 8.00 元左右才是最佳介入时机。

第十五章
极阴次阳　择幅建仓

"人有悲欢离合，月有阴晴圆缺"，这是苏轼的千古名句，其实是一句千古名言，它暗合了"物极必反"的哲学道理。

事物的矛盾运动和变化，由量变开始，发展到一定程度就会导致质变，矛盾就会转化到对立面去。任何一只股票的涨跌起伏，也必然遵循这个规律。因为股票的涨跌都有一个度，如果超过这个度，则会走向反面。

如何找到"阳极生阴，阴极生阳"的这个"度"呢？请看下文。

第一节　极阴次阳的基本特征（中超电缆）

所谓"极阴次阳"，特指极度大阴的次日出现中到大阳的阴阳组合，也就是由"极阴"和"次阳"两个基因组合而成的涨停密码。

请看图 15-1 "中超电缆 2014 年 1 月 10 日收盘留影"。

如图 15-1 所示，"极阴"有以下三种形态。

第一种是"价柱单胜阳"的形态。如图中的 C、D、F、I、J 等，它们呈"单阴放量下跌"状，即 5 ～ 10 个点的狂跌单阴，其价柱往往非常凶狠，量柱有时胜阳，有时不胜阳，但都有"断头铡刀"的态势。

第二种是"量价双胜阳"的形态。如图中的 A、B、E、G、H、M、K、L 等，它们往往是"双阴"或"多阴"，即 5 ～ 10 个点甚至更多的连阴猛跌，其"价柱和量柱双向阴盛"，阴柱均高于其左侧的阳柱，现"泰山压顶"之状。

第三种是"量价连胜阳"的形态。如图中的 D、E、M、L 等，它们往往呈"连阴缩量下跌"状，即 2 ～ 10 多天的连阴下跌，如图中的 D、H、M 阴影框，其"价柱和量柱累积阴盛"，阴柱面积高于左侧的阳柱，呈"大江东去"之势。

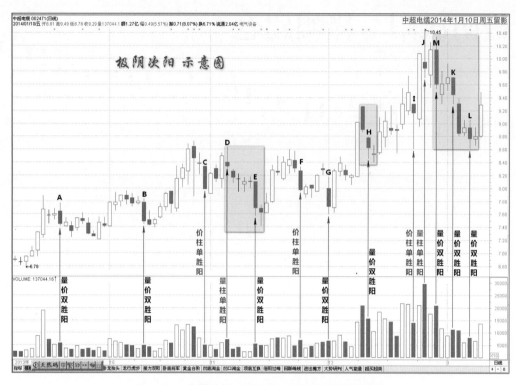

图 15-1　中超电缆 2014 年 1 月 10 日收盘留影

所谓"极阴次阳"，就是在这三种"极阴"次日出现的"阳柱"，简称为"次阳"。于是，就有"单阴次阳""双阴次阳""连阴次阳"三种形态。例如，图 15-1 中的三组连阴的最后一根阴柱是"极阴"，极阴次日返阳，价柱呈阳性，与左阴并肩而立，所以叫"极阴次阳"，也可称之为"极阴初阳"。

辩证法告诉我们，阴盛必生阳，阳盛必生阴。精明的主力非常善于应用这个法则，而且经常运用，"极阴次阳"就是他们捉弄对手、愚弄散户的法宝。这种战术又叫"起死回生战术"。往往先来一个（或一串）大阴，打得对手晕头转向的时候，他们却"阳长"而去。那么，"中超电缆"G 柱、H 柱的"极阴次阳"用得如何，请读者看完本章之后，自己作出研判。

第二节　极阴次阳的上涨规律（新华联）

"极阴次阳"的上涨是有规律的，它往往由"极阴"的位置和"次阳"的高度来决定。一般说来，"极阴"的位置是核心，"次阳"的高度是主导。只有二者有机统一，才能真正体现"极阴次阳"的威力。

来看图 15-2"新华联 2014 年 1 月 9 日收盘留影"。

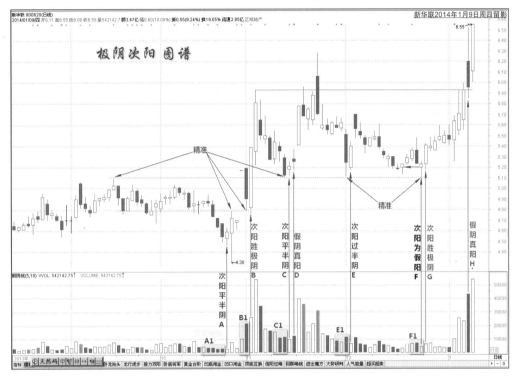

图 15-2　新华联 2014 年 1 月 9 日收盘留影

图 15-2 中，"新华联"共有 6 处"极阴次阳"，下面来看看它们有什么规律。

（1）A 柱左侧的 A1 阴影框内，连续 4 根阴柱，四阴胜阳，属于极阴，次日阳柱 A，量柱低于阴柱，但价柱超过昨日阴柱一半，日后长腿倍阳，连续大涨。

（2）B 柱左侧的 B1 阴影框，量柱倍阴胜阳，价柱跌停后向上，但其阴价柱最低点与其左侧 A 柱次日的长腿倍阳的最高点无缝重合，都是 4.79 元，于是，在 B1 极阴次日 B 阳柱低开高走涨停。

（3）C 柱左侧的 C1 阴影框，连续两根阴柱胜阳，这是连续 6 天下跌的最后一根阴柱，其底部精准回踩左侧峰顶线，次阳 C 柱收盘价平昨日半阴，日后 D 柱假阴真阳上攻，次日向上跳空涨停。

（4）E 柱左侧的 E1 阴影框，两阴夹小阳，阴盛，这是连续 7 天下跌的最后一根阴柱，其最低点精准回踩左侧峰顶线，次阳 E 柱收盘价过上一日极阴半分位，次日高开低走，假阴真阳，然后回调。

（5）F 柱左侧的 F1 阴影框，阴胜阳，F 柱是假阳，极阴，也是连续下跌后最后一根极阴，其最低点与 E1 处最低点差 1 分钱重合，可计为精准回踩左峰线，其右侧次阳 G 盖过左侧极阴,然后连续大涨。

清华大学出版社出版的《伏击涨停》"阴线战法"中讲过,真正的撤退是"无底长阴",虚假的撤退是"有底长阴"。"有底长阴"就是有计划、有预谋地假撤退。假撤退的后面,往往就会用"极阴次阳"进行反击。从"新华联"的走势可以得出如下几个要领。

第一,极阴次阳相比,各自的高度决定反弹幅度。其一般规律如下:

"极阴"越大越好,如 B1、E1 两处;

"极阴"有底则好,如 B1、E1 两处;

"次阳"越高越好,如 B、D、G、H 四处。

第二,次阳高度不同,其后反弹的幅度也不同。其一般规律如下:

次阳未到左阴 1/3 者,其后反弹高度低于 10% 以下;

次阳未及左阴 1/2 者,其后反弹高度低于 15% 以下;

次阳超过左阴 1/2 者,其后反弹高度可达 20% 以上。

第三,次阳位置不同,其后反弹的力度也不同。其一般规律如下:

次阳处于挖坑末期,其后反弹力度非常强烈,如 A 处;

次阳处于横盘末期,其后反弹力度比较强烈,如 B 处;

次阳处于上升途中,其后反弹力度相当强烈,如 G 处。

关于位置这个要素,必须与其他涨停基因结合研判,不能单独使用。

第三节　横盘途中的极阴次阳(九阳股份)

横盘途中的极阴次阳,往往是比较温和的,油水不多,折腾却多,所以我们一旦发现主力是在横盘调整,就要少参与。但是,一旦横盘末期到来,我们就要积极参与。一般而言,"极阴次阳"所处的位置,往往决定其性质。

请看图 15-3 "九阳股份 2014 年 1 月 9 日收盘留影"。

A 柱左侧的极阴有底,A 柱次阳冲过半阴,后势向上约 20%,然后回调;

B 柱左侧的极阴无底,B 柱次阳未过半阴,后势向上约 10%,然后回调;

C 柱左侧的极阴有底,C 柱次阳未过半阴,后势向上约 10%,然后回调;

D 柱左侧的极阴有底，D 柱次阳冲过半阴，后势向上约 50%，然后回调；

E 柱左侧 6 连阴有底，E 柱次阳冲过全阴，后势向上约 30%，创出新高。

从上述分析可以发现，横盘途中的"极阴次阳"有如下规律：

（1）有底极阴 + 次阳过半阴，其涨幅在 20% 以上（见图 15-3 之 A、D、E 处）；

（2）有底极阴 + 次阳过全阴，其涨幅在 30% 以上（见图 15-3 之 E 处）；

（3）无底极阴 + 次阳未过半，其涨幅不够理想（见图 15-3 之 B 处）。

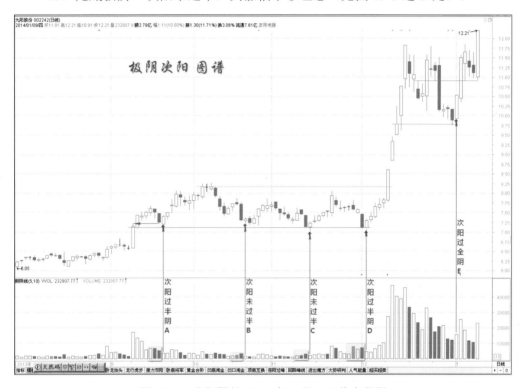

图 15-3　九阳股份 2014 年 1 月 9 日收盘留影

注意：对于"未能过半的次阳"，我们应该将其列入"假阳真阴"的范畴。这里只是为了叙述与对比，才把它当作"次阳"。

单独从"极阴次阳"的角度来分析，横盘途中的"极阴次阳"，"有底"与"过半"是决定其后反弹幅度的关键要素。如果结合其他涨停基因来分析，量柱和量线则是其能够反弹的基础。

第四节　上升途中的极阴次阳（奋达股份）

上升途中的"极阴次阳"，往往是庄家或主力强力洗盘的法宝。他们在这里采用组合拳的方式，先上后下，边洗边拉，可以取得四两拨千斤的效果。

请看图15-4"奋达科技2014年1月10日收盘留影"。

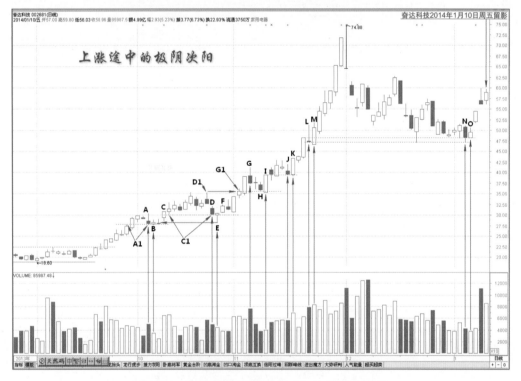

图15-4　奋达科技2014年1月10日收盘留影

"奋达科技"（见图15-4）是2013年涨幅最大的牛股，其主力运用"极阴次阳"相当成功。

第一套组合拳：A柱极阴，是新高后的双阴胜阳，阴量柱相当阴险，但其最低点正好与A1的最高点精准持平（暴露了其"极阴"动作）。B柱次阳，缩量平半阴（露出了"次阳"的真面目），此后缩量横盘一天后，用C柱向上跳空过A顶，涨停。这是A柱前面连续10连阳后的"极阴次阳"组合拳，叫作先上后下，边洗边拉。玩了一个小小的凹底淘金。

第二套组合拳：D1柱创新高后下跌，接着D柱跳空下跌，连续两根阴柱大有结束上涨之势，但是，D柱的最低点与C1精准持平（暴露了其"极阴"动作），次日 E 柱实底又与前两个精准点重合，三点一线，E 柱最低点与其左侧 B 柱实顶精准重合（露出了"次阳"的真面目），此后 F 柱跳空上行，盖过了 D 柱的阴实顶，此后连续向上近 20%。这里又是一个小小的凹底淘金。

第三套组合拳：G 柱创新高后再次向下，从量柱上看，一阴盖三阳，造成结束上涨迹象，此后连续两天缩量下跌至 H 柱，H 柱的最低点与其左侧 G1、D1 三点重合为一条线（暴露了其"极阴"动作），次日 I 柱低开高走，过左阴涨停。

此后，J 柱跳空下行，最低点与其左侧的 I 柱实顶精准重合（暴露了其"极阴"动作），次日 K 柱次阳，涨停过 J 柱极阴。

接着，L 柱低开高走创新高后突然下跌，其阴量柱盖过左侧所有阳柱，造成上攻无力假象，但是其阴价柱最低点不破左侧阳柱上端 1/3 处（暴露了其"极阴"动作），次日 M 柱低开高走，盖住 L 柱极阴，接着一路上攻，最后连接 3 个涨停板，涨幅近 50%。

由此可见，上升途中的"极阴次阳"，以"有底极阴"为核心，以"克阴次阳"为主导，其一般规律如下：

有底极阴后，次阳过全阴的，是强庄，其后走势强劲，不可低估；

有底极阴后，次阳过半阴的，是精庄，其后走势明朗，可以参与；

有底极阴后，次阳不过半阴，是弱庄，其后走势难料，只可观望。

第五节　极阴次阳的衍生战法（英威腾）

根据上述原理，可以把"极阴次阳"运用到所有股票的阴线战法中去，主要是运用到横盘或上涨趋势的股票中。

运用的基本原则是：以"有底极阴"为前提，以"盖阴次阳"为抓手。因为"有底极阴"是主力欲擒故纵；"盖阴次阳"是主力原形毕露。

运用的基本规律是：

极阴之后，次阳盖全阴的，可能是强势反弹行情；

极阴之后，次阳过阴半的，可能是一般反弹行情；

极阴之后，次阳不过阴半，可能是弱势反弹行情。

请看图 15-5 "英威腾 2014 年 1 月 10 日收盘留影"。

图 15-5　英威腾 2014 年 1 月 10 日收盘留影

图 15-5 中，"英威腾"的大阴柱不少，有点惊心动魄的味道。主力是怎么运作这只股票的呢？主要是"过阴半"和"克全阴"。

A 柱是非常重要的将军柱。A 柱后三天以实底形成了将军线，后面的"极阴次阳"，基本上都是以这个将军柱作基础的。

B 柱的实底高于 A 的将军线，B 柱属于有底长腿缩量，次日 C 柱"次阳盖阴创新高"，此后横盘两天，第三天涨停。

D 柱实底与左侧 D1、D2 无缝重合，所以 D 柱是有底假阳真阴，其次日的 E 柱"次阳"，过 D 柱实顶大涨。

F 柱的虚底与左侧 F1 的实底重合，所以 F 柱是有底缩量二一假跌，量柱倍量伸缩，G 柱次阳盖阴，按照"过阴半"的规律，此处可以介入，次日涨停。

H 柱的小长腿精准回踩黄金线，因为是有底缩量，"极阴"暴露无遗，次日 I 柱缩量过半阴，"次阳"无疑，此处可以介入，此后大涨。

J 柱是非常阴险的大跌，但其缩量且最低点精准回踩左侧长腿阳顶 J1，又露出了"极阴"动作，次日价柱放量过阴半，"次阳"无疑，故此后大涨。

L 柱缩量下跌，其最低点与 L1 和 L2 精准重合，显然是"极阴"动作，那么，日后只要过 L 柱的阴半，就可能再度上涨。

小结：上升途中的"有底极阴"是可以买阴的假跌；"次阳过阴半"的位置是最好的伏击圈。

第六节　极阴次阳的综合运用（上证指数）

学习完前面五节的内容，对于"极阴次阳"的预判，大家应该有深刻认识了。说到底，"极阴"可以理解为"庄家极为阴险"，只有"庄家极为阴险的动作"做到位了，才可能有"次阳"。所以，这是"阴线战法"的另一种形态。

如果结合"十二字令"来理解和应用，就可以大胆做"现场演示"了。你可以找任何一只股票来做实验，将"极阴次阳"和"十二字令"结合运用，其准确率将相当高。特别是大盘，因为是各路主力和全体市场综合力量的综合体现，所以"极阴次阳"的平衡作用体现得相当充分。

请看图 15-6 "上证指数 2014 年 1 月 10 日收盘留影"。

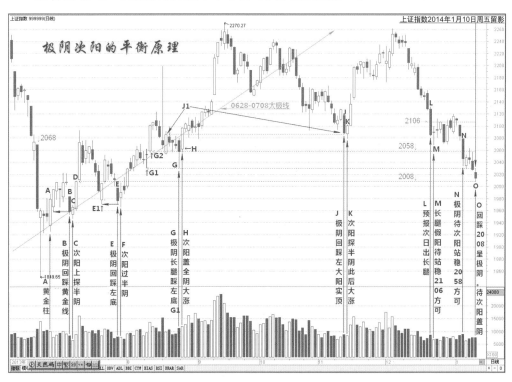

图 15-6　上证指数 2014 年 1 月 10 日收盘留影

图 15-6 中，"上证指数"从 0625 探底回升以来，走过了半年的历程。这半年来，我们的盘前预报有 85% 精准兑现，其中，"极阴次阳"给我们提供了相当精确的预报数据。

A 柱，是黄金柱，这是 0625"长阴长腿，下跌到位"以来的第一根黄金柱，看准了这根黄金柱，其后的行情都是以它为基础展开的。

B 柱，缩量跳空向下，精准回踩其左侧 A 柱黄金线，也是精准回踩 A 柱二一位，主力的"极阴"动作初见端倪。

C 柱，缩量向上，刚好刺探 B 柱二一位，其"次阳"动作初见端倪。C 柱上探 B 柱二一位的动作表明"极阴次阳"基本成熟，这时作者发布了《现场直憋涨停趋势预报》。后市证实作者 0709 的预判基本正确。

E 柱，又是跳空向下，但其最低点精准回踩其左侧的 E1，跳空下行，精准回踩左底即向上，"极阴"初露端倪。E 柱是 7 月 29 日，作者发表收评《借利空再诱空，此处可望反弹》。果然，次日 F 柱过半阴，"次阳"动作暴露无遗。这就是根据前面的平衡原理进行预判。

G 柱，极阴长腿回踩左侧长腿 G1，收在左侧大阳实底 G2 一线，是典型的"一柱双精准"，保持了阴阳平衡，第二天可望"次阳"。G 柱是 0823（周五），作者在周六发表《假阴真阳与量柱建构》的讲座，预计大盘将沿着 0628 ～ 0708 太极线前进。果然，次日 H 柱"次阳"雄起，一举盖过极阴，沿着 0628 ～ 0708 太极线指引的方向运行了两个月。

J 柱，极阴双向胜阳，但其最低点精准回踩 J1，显然"极阴"已成，有待"次阳"。J 柱是 1113（周三），作者当天发表了周末讲座《周线看大盘（参考介入区间）》，建议网友"可在 2080 ～ 2068 区间介入"。次日价柱最低点是 2078 点，然后"试探半阴"，此后大盘爆发式大涨。

以上成功预报，都是"极阴次阳"的功劳。作者只是按照盘面上的记录，如实转告给大家而已。用量学看盘，关键是找到量价阴阳的平衡点，"极阴次阳"就是这个平衡的焦点。

L 柱，是 1220（周五），也是大盘连续大跌的第 12 天，阴量柱比前几日放大，最低点精准对应 0820 的阴柱实顶，"极阴"效果显现，作者当天给大盘留影并发表了《大盘大阴太极图》，同时指出"当前有见底迹象，从图势上看，周一若不能直接反弹，在 2068 ～ 2058 区间可能形成长腿踩线后反弹。"次日 M 柱，果然出现长腿十字星，最低为 2068 点，与盘前预报精准重合。

M柱，作者发出收评："不能有效站稳2106即不是真反弹。"为什么强调2106点？因为这是L柱的大阴中线（二一位）。"极阴次阳"后面能否成功反弹，关键就是看行情对于"极阴中线"的攻击。此后果然下跌。

N柱，是0106（周一），大盘跳空下跌，量柱增高，"极阴"再现，作者在收评中再次预报次日有反弹，"若反弹不过2058，将继续下探，若2013守不住，将跌破2000点大关。"现在看O柱，收盘于2013，与盘前预报精准重合，最低点是2008，与左侧D柱实顶精准重合，可见"极阴"已成，有待"次阳"出现。

第十六章
牛股量形　看懂就赢

炒股之人可能都有这样的经验，明明发现一只好股，并跟进去了，但它就是不涨，也不跌，想抛也不好，想留也不好，看着别的股票飞涨，它就是不涨，等到急红眼一抛，它就撒蹄子向上奔。这时，想买进又怕买进，不想买进又怕它走势更牛，真是既犯愁又棘手。

这其实是关于"股票后劲"的问题，有的投资者选的股票很不错，可以上涨，但就是涨不久；有的股票看起来有劲，但冲一两天就熊了。如何解决这个难题呢？

集合量柱和量线战法精华的"牛股量形"，可以助大家一臂之力。

第一节　牛股的基本要素（川润股份）

所谓"牛股"，特指在某个时间段内涨幅翻番或涨幅远远高于其他个股的股票。具体说来，凡是在一两个月内涨幅翻倍，或半年内涨幅翻番的股票，我们都称之为"牛股"。

牛股具有涨幅惊人、振幅唬人、涨势吓人三大特点。

所谓涨幅惊人，是指它能在短时间内涨幅翻番（或翻几番）。

所谓振幅唬人，是指它经常玩过山车，常从跌停到涨停，令人望而生畏。

所谓涨势吓人，是指它一旦启动就连拉涨停，令人只能观望不敢买，你越是不敢买它，它就越牛。

请看图 16-1"川润股份 2012 年 3 月 13 日涨停留影"。

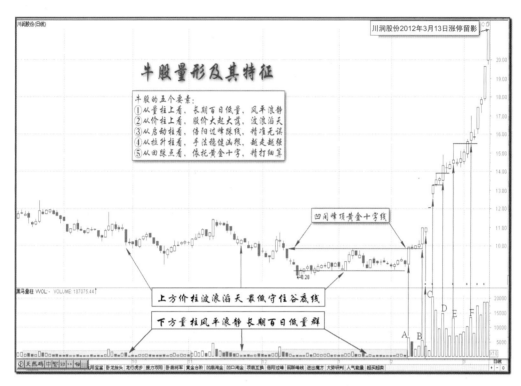

图 16-1　川润股份 2012 年 3 月 13 日涨停留影

图 16-1 中的"川润股份"是 2012 年 2 月 15 日（见图中 B 柱次日）成都特训班的学员们共同选出的一只股票。该股从 2012 年 2 月 8 日的 9.01 元启动，仅用 24 个交易日就涨到了 21.62 元，涨幅接近 3 倍。

根据翻番的时间长短，我们把牛股分为以下四大类：

凡是半年内翻番的，称为"慢牛"；

凡是三月内翻番的，称为"强牛"；

凡是一两月翻番的，称为"快牛"；

凡是一个月翻番的，称为"猛牛"。

从图 16-1 看，"川润股份"显然属于"猛牛"的范畴。它为什么能成为"猛牛"呢？图中标示了五个要素（方框处）。

第一，从量柱上看，有连续三组百日低量群，风平浪静，时间长达 8 个月；

第二，从价柱上看，有大起大落的五个波段，波浪滔天，最低点无量挖坑；

第三，从启动柱看，倍阳过左峰（A），后三天缩量回调呈精准黄金十字架；

第四，从拉升柱看，从 C 到 F，价柱逐步走高而量柱逐步走低，越战越勇；

第五，从回踩点看，从 A 到 F，每次回踩都不破左黄金柱实体，精打细算。

正因为有这五个要素，该股在 24 个交易日内几乎是一口气拉升了将近 3 倍。

那么这只"猛牛"拉升之前能否被发现？这样的"猛牛"是怎么选出来的呢？下节介绍量柱与量线集合选股的方法。

第二节　牛股的三个阶段（迪康药业）

任何一只牛股，必经过孕育期、启动期、爆发期这三个阶段。在选出"川润股份"之前，先给大家讲如下两个案例。

请看图 16-2 "迪康药业 2010 年 7 月 20 日至 2011 年 4 月 20 日走势图"。

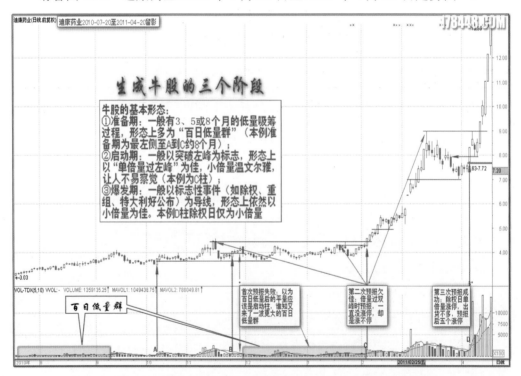

图 16-2　迪康药业 2010 年 7 月 20 日至 2011 年 4 月 20 日走势图

图 16-2 的"迪康药业"是 2011 年上半年两市涨幅榜排名第一的股票。粗略地看，它和"川润股份"的走势基本相似。它们的共同特点是具有明显的"三个阶段"。

（1）**牛股孕育期**：一般有 3、5 或 8 个月的低量吸筹过程，形态上多为"百日低量群"。本例从最左侧开始，一直到 C 柱，有长达 8 个月的孕育周期，这就是"孕育期"。其间，有两段长达 4 个月的"百日低量群"，尽管其上方价柱大起大落，波浪滔天，但是其量柱波澜不惊，风平浪静。

（2）**牛股启动期：**一般以第二次突破左峰为标志，形态上以"小倍阳过左峰"为佳，见图16-2中的C柱。这个"小倍阳"，几乎就是"准倍阳"，是倍量又不易看出是倍量，温文尔雅，慢条斯理的样子，让人不易察觉，却已闯过双峰。因为主力以小倍阳拉升，既是试探又是冲关，量大了会引人注目，量小了又难以为继，所以小倍阳成了最好的工具。

（3）**牛股爆发期：**一般以标志性事件（如除权、重组、特大利好公布）为导线，形态上依然以小倍阳为佳。图中的D柱为除权日，除权日仅为小倍阳，让人觉得这里的除权是强弩之末，即将下跌，但它却悄悄承接前面的小倍阳逆市上扬，稍作回调即连拉4个涨停板。拉升之前谨小慎微，拉升之际大刀阔斧。这就是牛股"坐如钟、行如风"的气派。

对于该股，作者预报过3次，从形态和时机上看，得失参半。

第一次预报失误：首次预报见图中B点后三天的圆点（2010年11月29日周一），这里是百日低量后的3个平量柱，一般情况下应该是启动柱，我们当即发布了预报。谁知预报的次日，该股主力用一根长达7个点的阴柱杀跌，然后又来了一波更大的百日低量群（即图中B柱与C柱之间）。但是，这一波百日低量的最低点却没有跌破A柱的黄金线，所以引起了我们的兴趣，一直跟踪到C柱。

第二次预报欠佳：第二次预报是在C柱倍量过双峰的次日（2011年2月11日周五）预报的，C柱是一根不起眼的小倍阳将军柱，3天后升格为黄金柱，价柱过双峰后，最大涨幅达7.65%，此后一直没涨停，却是涨不停。是典型的"取法其上，得乎其中"的案例。

第三次预报成功：第三次预报是D点的次日（2011年4月11日周一），D柱是除权日，除权比例是10送15股，应该有大量抛盘的，但是这天却是小倍阳封涨停，可见持股人不愿出货，根据"三先规律"，该股必然要大涨。于是我们在除权的次日发布了牛股预报，预报后调整了3天，也是倍量伸缩的3天，其最低点刚好与左侧大阴实顶重合，形成精准黄金十字架，这里有多个涨停基因叠加，然后连续5个涨停板。

事实证明，牛股是可以提前发现的。只要看准了牛股的3个阶段，在适当的周期中跟踪它，就能适时地擒拿它。

第三节　牛股的三重密码（西藏发展）

牛股的成长是缜密的、低调的、含蓄的，它处处体现出庄家或主力的智谋和勇气，体现出他们对于王牌柱、攻防线的运用达到炉火纯青的境界。但是，它最高明的地方就是"隐藏自己意图，甩掉跟风对手，自己独享飙升"的乐趣。

请看图16-3"西藏发展2010年2月9日至2011年6月13日留影"。

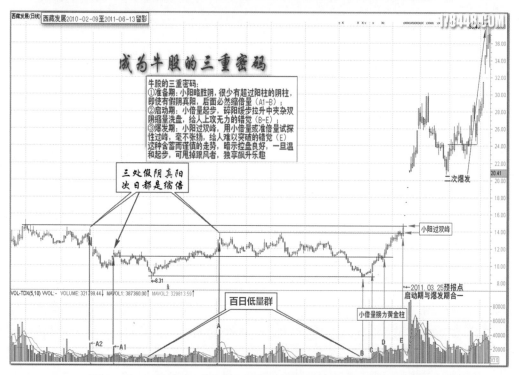

图16-3　西藏发展2010年2月9日至2011年6月13日留影

这是作者2011年3月25日（见图16-3中的E柱）预报并操作过的"西藏发展"，其涨幅名列2011年上半年两市涨幅榜第二名。乍一看，图16-3和图16-2的3个阶段也是基本相似，只是其孕育期的走势有点不同，起伏节奏不同。而这里恰好展现了牛股后面不同庄家的个性和操盘手法，但其实质是一样的。

牛股都是它的庄家或主力经过精心策划后的产物，有投入才会有收获。庄家的投入是不会轻易让人发现的，一旦你发现了，他就前功尽弃了。所以，牛股的走势往往是非常隐蔽的，它甚至会给你制造一个又一个错觉，让你觉得它没有买进的必要，让对手放弃它，让跟风者远离它。"西藏发展"的走势就是这样的典型例子。

但是，无论多么隐蔽的庄家，都会在量柱和量线上露出"狐狸尾巴"。

图 16-3 中最左侧的一大堆量柱都是真金白银堆积起来的，此后一直没有出货的迹象，中间这么大一段时间，都是阳盛阴衰，和"迪康药业"一样，也有两处"百日低量群"，潜伏了整整 9 个月，直到 E 点才有量柱放出来。正好，这里是它的启动期，涨幅高达 250%。

该股的庄家或主力是如何操作的呢？这就是牛股的以下三重密码。

（1）孕育期的牛股密码：（见图 16-3 中的 A1~B）小阳略胜阴，没有超过阳柱的阴柱，即使有假阴真阳，后面必然缩倍量。请看图示，该股只有 A、A1、A2 三根阴柱超过阳柱，而实质上，A、A1、A2 都是假阴真阳，次日即缩量一倍；A2 从直观上看是真阴柱，次日也是缩量一倍，可见这里的真阴也没有出货，用"分时解剖刀"来分析，A2（2010 年 4 月 29 日）当天全都在前一天收盘价上方运行，只是尾盘 5 分钟跌破日前收盘价，整体上它还是假阴真阳。即使去掉这根量柱，全盘就没有一根超过前阳的阴柱。所以这个庄家非常高明，把假阴柱做得和真的一样，那么，他必然掩盖着真实目的。

（2）启动期的牛股密码：（见图 16-3 中的 B~E）小倍量起步，碎阳缓步拉升，其中夹杂双阴缩量洗盘，给人上攻无力的错觉。该股的启动非常隐蔽，B 是经典的矮将军卧底形态，连小倍量都不是，但它稳稳地夯实了谷底线；C 和 D 都是小倍量柱，不动声色地连过两道关口。B、C、D 形成黄金柱接力拉升，不事张扬，不露锋芒，悄悄地兵临城下，接近峰顶线，把量线的"攻守冲防"四步曲用得淋漓尽致、浑然一体。让投资者几乎分不清这四个步骤，但它却咬住了峰顶线。

（3）爆发期的牛股密码：（见图 16-3 中的 E 柱）小阳过双峰，用小倍阳或准倍阳试探性过峰，毫不张扬，给人难以突破的感觉。该股的 E 柱（2011 年 3 月 10 日）是令人叫绝的量柱，它本身不是倍量柱，不显山不露水；对应的价位才涨 5 个点，可它却踩一根峰顶线，穿一根峰顶线，形成了"小阳过双峰"的格局。

纵观该股，从左到右充满了含蓄而审慎的走势，处处小心翼翼，处处深藏不露，和"迪康药业"的走势如出一辙。其操盘密码可以用一个字来概括，就是"小"。小中见大，小里藏大；小动作，大图谋。

对比上述三个案例，都具备这几个特征。如果在股市上一旦碰到"小动作"，投资者就要警惕它的"大图谋"。

第四节 擒牛的三个机会（天津磁卡）

牛股的三个阶段，帮我们发现牛股；

牛股的三重密码，帮我们确认牛股；

擒牛的三个机会，帮我们擒拿牛股。

这三节内容虽然是分开来讲的，但在具体操作中，它们却浑然一体，不分你我。第一节的"川润股份"，就是在发现牛股、确认牛股的过程中预报的，但是，能不能擒到它，能不能骑上它，却因人而异。因为不同的人面对相同的股票，都有一个"知与行"的差别。这就是"预报不等于买到"的根本原因。要想做到"知行合一"，对机会的认识和把握非常重要。

下面先来看图 16-4 "天津磁卡 2012 年 10 月 10 日收盘留影"。

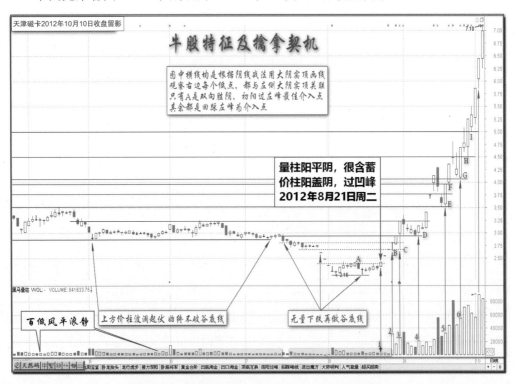

图 16-4　天津磁卡 2012 年 10 月 10 日收盘留影

"天津磁卡"是我们量学特训班学员于 2012 年 8 月 31 日 9：38 伏击的一只股票（见图 16-4 之 C 处，伏击后即下跌 5 天，属于第一波上涨顶峰）。从伏击日到截图日共计 23 天，涨幅为 138%。现借用这个案例将这只股票的伏击机会剖析如下：

从总体走势上看，该股与前面3只股票的走势如出一辙。

以图16-4中红色箭头标注的1为界，左侧为孕育期，其价柱波澜起伏，始终不破谷底线；与其对应的量柱风平浪静、波澜不惊，形成长达8个月的百日低量群。从D线开始的下杀，无量空跌，挖了一个双底天坑。

图中从1到4为启动期，1柱阳平阴，很含蓄，其对应的价柱阳盖阴，刚刚过凹峰，显得拘谨压抑，给人勉强过峰即将回调的感觉。可是，从次日开始，连续两个一字板加一个T字板飙升（见图中的标注2）。第四天再来一个实体板，第五天摘帽，稍稍高开即下挫5个点，然后上冲10个点封死涨停板（见图中标的注3），至此，一头猛牛的雏形已初步展现在我们眼前（这里已是第五个涨停板，过左峰，应该回调以完成"过峰保顶"夯实基础后再上，可是我们的同学发现这只股票很牛，就在C处介入，白白享受了被套5天的痛苦）。

机会是稍纵即逝的。从以上3只股票的分析中，我们可以发现，"孕育期"是漫长而痛苦的过程，一般长达8~10个月，不值得我们去参与，但却是我们发现牛股的重要参考，没有"孕育期"就没有"大牛股"。

那么，擒拿牛股的机会在哪儿呢？

第一，启动期的机会：关注"百日低量矮将军"。例如，"迪康药业"（图16-2）中的C点。尤其要关注"小倍阳"或"准倍阳"的形态，这里一般是牛股的启动点。"百日低量矮将军"的股票很多，辨别牛股的方法就是用"左推法"，看其左侧有没有"孕育期"，"孕育期"越长，成牛的可能性越大。

第二，爆发期的机会：关注"温和放量过双峰"。例如，"西藏发展"（图16-3）中的E点。温和放量是牛股启动的重要标志，如果出现拼命放量的情况，可能就是拉高出货了，这是一定要分清的。过单峰的股票很多，过双峰的股票就不多了。大家可以结合其他牛股分析一下，找到其中的共同点和不同点，来丰富我们的量学知识。

第三，回踩中的机会：关注"缩量回踩十字架"。任何一只牛股的成长都不是一帆风顺的，它必然有回踩洗盘的过程，所以，在爆发之中，我们要关注"缩量回踩十字架"的股票。这里一般是牛股的接力点。例如"天津磁卡"的D线（见图16-4中的标注4）。凡是拉升途中的回踩，都是接力点，"天津磁卡"有C、D、E、F、G、H、I等7个回踩接力点，每次回踩都是"踩线"，踩线就是接力，接力就要拉升，接力点越多，拉升的幅度越大。量学认为，日象只要有三个回踩十字架的动作，后面至少还有 30% 的涨幅，就是这个道理。从图 16-4 中可以看到，每一个回踩上翘的区间，都是可以介入的机会，就看投资者能不能抓住这些机会。

第五节　擒牛的"五五法则"（韶能股份）

"牛股量形"的核心是"发现牛股"，只有发现牛股才能擒拿牛股，否则一切都是空谈。而发现牛股的最佳区间是在"启动期"，这有"五个发现"：

一旦发现价柱波浪滔天，而量柱却风平浪静的股票；

一旦发现长期下跌之后，再挖一个无量天坑的股票；

一旦发现小倍阳起步的，温和调整不破金线的股票；

一旦发现含蓄过双峰后，按照阴线节奏运行的股票；

一旦发现踩线咬线动作，小倍量或大跨度的涨停板。

我们就要用"左推法"往左侧寻找它的"五个特征"：

一是看它左侧有没有阴过阳的量柱，有则放弃，无则收集；

二是看它左侧有没有假阴真阳量柱，有则收集，无则放弃；

三是看它左侧有没有百日低量挖坑，有则收集，无则放弃；

四是看它左侧有没有矮将军在卧底，有则收集，无则放弃；

五是看它左侧有没有十字架在托底，有则收集，无则放弃。

这就是筛选牛股的"五五法则"。

2012 年 10 月 8 日周一，大盘上下两难，成交极度低迷，可是在这么低迷的股市中却半路杀出几个"程咬金"，竟然跳空涨停，细看其形态，和"五五法则"基本吻合。于是作者在明灯论坛发布涨停趋势预报，请大家关注"程咬金股票"，它们是大冷股份、汉钟精机、烟台冰轮、海立股份、常发股份"五朵金花"。后来我们才知道，这几只股票就是首次亮相的"地热股"，当时所有的看盘软件里根本就没有"地热能"这个概念。这"五朵金花"逆市大涨，成为低迷股市中一道亮丽的风景。

现在，我们再用上述方法筛选几只股票，看看它能否成为今后的牛股。

来看图 16-5"韶能股份 2014 年 1 月 7 日收盘留影"。

图 16-5　韶能股份 2014 年 1 月 7 日收盘留影

如图 16-5 所示，在 E 柱（12 月 27 日周五）发现它小倍阳起步，有过左峰的可能。这时用"五五法则"来看这只股票。

第一，看它左侧有没有阴过阳的量柱，只有两处已被阳柱战胜，应该收集；

第二，看它左侧有没有假阴真阳量柱，E 柱三天前就是假阴真阳，应该收集；

第三，看它左侧有没有百日低量挖坑，A 柱左右两组百日低量群，应该收集；

第四，看它左侧有没有矮将军在卧底，A、B 两个矮将军精准接力，应收集；

第五，看它左侧有没有十字架在托底，A、C、D 都是十字架递升，应该收集；

第六，C、D、E 三处都是"兵临城下"的格局，底部逐步抬高，每次攻克凹间峰之后都有回踩的动作，可见该股主力稳扎稳打，有向上突破的强烈愿望。但是他的动作却非常隐蔽，量能使用含蓄，更是值得投资者注意的精明庄家。

第七，2014 年元旦前夕，IPO 即将重启的消息发布，A 股市场从 12 月 5 日开始大跌，该股却毫不理会大盘，从 12 月 5 日稍作回调即继续上涨，并且上涨很有规律性，每当碰到左峰线就主动回调，精准而适度，量能保持不温不火，让人捉摸不透，这样的庄家骨子里是强悍的。

结果，该股在 E 柱次日（2013 年 12 月 30 日）向上跳空涨停，而且是"小倍阳"，没有花什么力气就逆市涨停。此后大盘不好，它却逆市连续四天上攻。

2014 年 1 月 7 日它顺势向下跳空，收了一个阴十字，但最低点不破 2013 年 12 月 30 日的涨停价。该股只要保护好这个涨停板基因，后市极有走牛的可能。

2014 年 1 月 29 日周三，我们用"五五法则"选出了"宝硕股份"和"九洲电气"两只股票，大家可以用"五五法则"仔细考察一下，看看它们能否成为下一只牛股。

第六节 牛股量形会过时吗？（电魂网络、西藏药业）

量学的"牛股量形"是 2012 年春天推出的，如今已是 2020 年，随着时间的推移，当初的"牛股量形"现在还能用吗？答曰：能用！而且非常好用！因为量学的基本原理是股市动态平衡规律的科学总结，它不会随着时间的推移而失效，只会随着时间的推移越来越闪耀出真理的光辉。

例如，王子于 2020 年春节选股练习中推出的"8 组 24 股"，就是用"牛股量形"技术筛选出来的，节后一月内走出了 100 个涨停板，三月内走出了"英科医疗"这样的"两市第一只 10 倍牛股"；后来，2020 年端午节选股练习推出的"端午七牛"，也是用"牛股量形"筛选出来的；这次修订版中新加入的"王府井""正川股份""电魂网络""西藏药业"都是如此。

请看图 16-6"电魂网络 2019 年 6 月 21 日留影"。

这是我们北大量学基训班学员 2019 年用"牛股量形"擒获的一只股票，操作体会是"牛股量形，看准就赢"。基本基因详见图中标示，最主要的有如下五个要点：

①高量柱次日缩量下跌（见 A、B、C、E、F、G、H，强庄控盘）

②低量群对应百日低量（见图中三组百低，洗盘到位）

③回踩时不破左侧金线（见图中 G、H、I 等，控盘到位）

④启动时瞄准百日高量（见 J-J1 合力，主力计划到位）

⑤启动期与爆发期合一（只有强庄才能如此凶悍）

再看图 16-7"西藏药业 2020 年 8 月 4 日留影"。

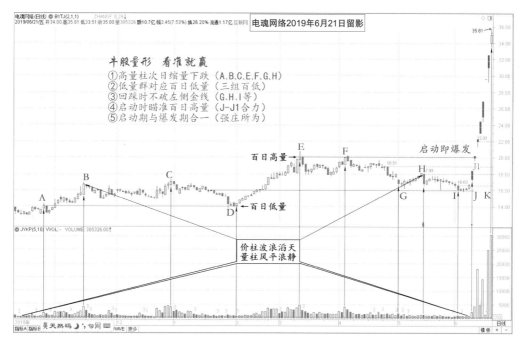

图 16-6　电魂网络 2019 年 6 月 21 日留影

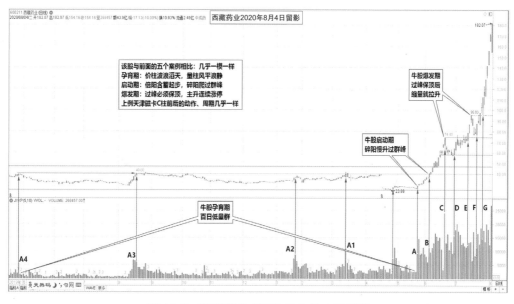

图 16-7　西藏药业 2020 年 8 月 4 日留影

图 16-6 西藏药业这只股票，说来有点奇怪，王子的八大弟子（现为量学云讲堂的八位讲师）在各自的量学基训班里做选股作业时，不约而同地在 A 柱（2020年 5 月 25 日周一）盘中预报了这只票；然后，在 B 柱（6 月 5 日周五）的周末选股练习课上，大家又不约而同地讲解了这只票。

这八位讲师分布在广州、武汉、西安、昆明、苏州、青岛、银川等全国多地，各自负责各自的基训班，因为课程紧、任务重，基本上没有时间交流，可他们为什么会不约而同地在同一天选中了西藏药业呢？

6月7日星期天晚上，我分别问他们是用什么方法选出来的，他们异口同声地说：牛股量形！这么典型的牛股量形，不先它选谁呢？

该股与前面的五个牛股量形案例相比：量学建构几乎一模一样。

孕育期：价柱波浪滔天，量柱风平浪静；

启动期：倍阳含蓄起步，碎阳爬过群峰；

爆发期：过峰必须保顶，主升连续涨停；

与上例天津磁卡相比，其 C 柱前后的动作、周期、幅度都几乎一样，甚至就像是一个模子刻出来的一样。

此后，该股从 A 柱首次预报的 28.51 元涨到 182 元，50 个交易日上涨了 609.50%！成为当时 A 股中最牛的一只猛牛，有人说它不是牛，而是龙！

事实说明，牛股量形没有过时，而是经常焕发出迷人的风采！

第十七章
牛股三绝　上涨不歇

"选牛容易骑牛难"，这是许多投资人挂在嘴边的难题。因为那些"犟牛"，颠簸幅度唬人，一不小心就会被它"甩"下来。那么有没有好办法不被它"甩"下来呢？当然有！

下面介绍的"牛股三绝"，或许可以帮你。不过，要想真正"骑好牛"，投资者应该把清华大学出版社出版的《伏击涨停》一书中关于"王牌柱"的知识和前面讲过的"牛股量形"结合起来，这才能真正解决这个难题。

第一节　倍量不穿，后市翻番（联建光电）

"倍量柱"往往是庄家或主力试探、建仓、增仓、补仓、拉升的标志柱，所以倍量柱往往具有五种功能。根据"倍量柱"的这个特殊性质，我们就可以从"倍量柱"身上找到一种保驾护航的特殊效果。

来看图 17-1 "联建光电 2014 年 1 月 3 日收盘留影"。

从图 17-1 中可以看出，"联建光电"是一只跨年度的牛股。它从 2013 年 6 月 25 日除权的 7.01 元一路上涨到 2014 年 1 月 3 日（周五）的 25.73 元，涨幅接近 4 倍。它之所以涨势那么凶猛，除了符合牛股的"五五法则"之外，非常重要的一个基因就是"倍量不穿"。

所谓"倍量不穿"，就是倍量柱后面的波段回调没有击穿其倍量柱对应的价柱实体，也就是说，倍量柱的五种功能没有失效。

我们先从"联建光电"（见图 17-1）的走势中找出其所有的"倍量柱"，共有 A～G 这 7 根（其中 D 柱是很不起眼的"小倍阳"，但它是"倍量柱"中很有用的一种）。

然后看这每根"倍量柱"后面的走势，没有一处波段回调能够有效击穿其"倍量柱"对应的价柱实体，所以这只股票的走势"倍量不穿，后市翻番"。

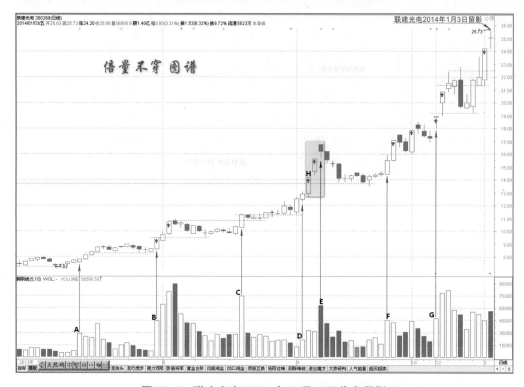

图 17-1 联建光电 2014 年 1 月 3 日收盘留影

有人也许会质疑：E 柱后面的回调岂不是击穿了 E 柱的实体吗？是的，这正是下面要讲解的三个要素：

其一，在某一波段内，连续的相同性质的几根柱子可以合并为一根来看，如果放到周线里，这三根柱子就是一根柱子，H 柱才是这根倍阳的基柱；

其二，E 柱是跳空高开低走的假阴真阳柱，按照"先者优先、跳空补空"的原则，E 柱左侧的 H 柱既是"先者优先"，又是"跳空补空"，所以图中阴影框里的三根柱子依然可以当作一根柱子来看；

其三，本章第三节将揭开这三根柱子同类合并的奥秘。

眼光一变，原形毕现。E 柱与 H 柱的合体就是一根大倍阳，其后的回调没有击穿 H 柱的实体，所以，A ~ G 这 7 根量柱都是"倍量不穿"。

"倍量不穿"的实质是倍量柱的五种特殊功能得到了完美的保护，所以其后的走势必然要翻番。

正因为倍量柱具有五种功能，一旦"倍量不穿"，就可以预测涨幅，即其涨幅可以提前计算。计算方式是以第 3 根"倍量不穿"的实顶乘以 2，达到目标后再以第 4 根"倍量不穿"的实顶乘以 2，以此类推。

第三根"倍量不穿"的 C 柱实顶 11.29×2=22.58（元）（第一目标位）；

第四根"倍量不穿"的 D 柱实顶 12.90×2=25.80（元）（第二目标位）；

第五根"倍量不穿"的 H 柱实顶 14.19×2=28.38（元）（第三目标位）；

第六根"倍量不穿"的 F 柱实顶 15.52×2=31.04（元）（第四目标位）。

备注：为了"安全起见"，在计算其涨幅时也可用"实底"作系数。根据"联建光电"倍量密集而不穿的现状，可以预计该股应该有 4 ～ 5 倍的涨幅。

"倍量不穿"的案例比较多，但"倍量不穿"这个基因不适合所有的牛股，因为有些牛股的走势中根本就没有"联建光电"这么多"倍量柱"。那么，离开了"倍量不破"这个基因，我们该如何研判一只股票可以走牛而不被它甩下来呢？下面介绍的"高量不破"可以供你参考。

第二节　高量不破，后市必火（上海莱士）

所谓"高量不破"，就是特指高量柱后面的走势中，其回调的价柱没有跌破其前面高量柱所对应的价柱，同时其后面对应的量柱没有超过前面的高量柱。

"高量柱"往往是走势衰弱的标志。高量柱后通常的走势应该向下，如果不下而上或者不下而平，就是"变态走势"，说明行情将向常态的反面发展。例如，图 17-2 中"上海莱士"的高量柱后面虽然都有下跌，但其回调都没有跌破高量柱对应价柱的实底即继续向上，这就是"高量不破"。

来看如图 17-2 所示的"上海莱士 2013 年 12 月 19 日收盘留影"。

"上海莱士"是很有特色的一只牛股。从图 17-2 上看，其走势完全合乎"五五法则"的要求，但是在其运行的过程中，起伏跌宕很大，在图中的 1 ～ 6 个台阶上，各有 10% ～ 30% 的振幅，投资人都有被甩下来的可能。

投资人能否不被甩下来或者被甩下来之后又能及时骑上去呢？其奥秘就在 A ～ F 这 6 根特别明显的高量柱上。这 6 根高量柱中的 B、C、D 三根高量柱紧挨着，用我们前面讲过的方法可以将其"同类合并"，就是把 B、C、D 当作一根量柱来看（以 C 为代号），这样一来，"上海莱士"的整个走势中就只有 A、C、E、F 这 4 根高量柱。这 4 根高量柱后面的回调，都没有跌破其高量柱对应价柱的实底，完全符合"高量不破"的原理。

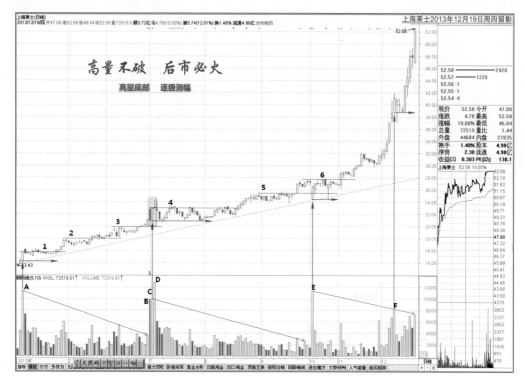

图 17-2　上海莱士 2013 年 12 月 19 日收盘留影

有人会问：C 柱后面有几根长下引线跌破了 C 柱的实体，这能算"高量不破"吗？请注意：量学所讲的"跌破"，有一个"有效性原则"，就是指"实体有效跌破"。C 柱后面的虚底（下引线）跌破是无效跌破。同样，E 柱后面的虚底（下引线）跌破也是无效跌破。因为，"虚底跌破"只是某个瞬间，它带有"试探"性质，不能认为是有效跌破。

根据上述"有效性原则"，"上海莱士"的 4 根高量柱就是"高量不破"的典型。根据这个原则，我们就不会在第 4、第 6 级台阶上被甩下来，即使被甩下来之后也可在其"不破高量"的时候重新杀进去。

为什么"高量不破，后市必火"呢？这涉及量学的"量价平衡原理"。因为高量柱是买卖双方都认可其当前价位的标志，愿意卖出的人多，愿意买入的人也多，双方在此形成了巨大的交易。这种巨大交易的背后，预示着巨大的买方成本抬高。一旦形成"高量不破"的格局，投资者要想获利，必须有更大的上涨空间。所以，在巨量成交的背后，预示着主力资金的大量介入，只要高量不破，其后一定还有巨大的拉升空间。

　　关于**"高量不破"的后市测算**：以第一根"高量不破"的实顶乘以 2，达到目标位后再以第二根"高量不破"的实顶乘以 2，依此类推。以本案为例：

　　第一，"高量不破"A 柱的实顶是 15.74×2=31.48（元）（第一目标位）；

　　第二，"高量不破"C 柱的实顶是 22.95×2=45.90（元）（第二目标位）；

　　第三，"高量不破"E 柱的实顶是 26.58×2=53.16（元）（第三目标位）。

　　备注：为了保险起见，在测算其目标位的时候也可采用实底计算。

　　与"倍量不穿"基因一样，"高量不破"基因也不是所有牛股的"保险杠"，当意外发生的时候，投资者要学会应变。下节再介绍一种具有普遍意义的牛股基因供大家参考。

第三节　跳空不补，后市如虎（中青宝）

　　"跳空补空"是对"王牌柱授衔原则"的具体规定，特指"跳空"后的"王牌柱"授衔时应该向前移位。这里所讲的"跳空不补"，是指走势跳空后不作回补而继续向上。这是两个截然不同的概念，请读者务必分别对待。

　　在"王牌柱"中，特别是"元帅柱"，它必须由"先者优先"和"跳空补空"这两个原则来确定。简单地讲，位于向上跳空缺口下方的价柱，可能就是"元帅柱"。口头禅："元帅出场，一个顶俩。"说的是元帅柱比将军柱和王牌柱都重要。

　　重要到什么程度呢？以"斗地主"的游戏作比：将军柱是小王，黄金柱是大王，元帅柱则是炸弹，这就是它们三者之间的关系。如果在玩斗地主的游戏时，某人第一圈牌就甩出了炸弹，你以为他手里还有什么牌？可能还有大小王，也可能还有更高档的炸弹。当然，也有可能是虚张声势，这就要具体情况具体分析了。股票走势中也有这种"出手就是炸弹"的情况。

　　下面来看图 17-3"中青宝 2013 年 9 月 6 日收盘留影"。

　　"中青宝"是 2013 年的一只牛股。它的走势稳健洒脱、朝气蓬勃，完全符合牛股的"五五法则"，并且，既符合"倍量不穿"，也符合"高量不破"的原则。但是它最重要的牛股基因却是"跳空不补"。

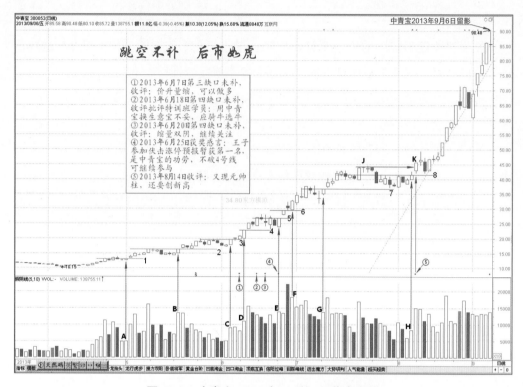

图 17-3　中青宝 2013 年 9 月 6 日收盘留影

"跳空不补"，特指股票走势中向上的"跳空缺口"没有被回补，即回调的最低点未有效跌破"元帅柱"。

请看图 17-3 中的 A～H 这 8 根量柱，都是"跳空"的元帅柱，只是有的跳空幅度小（如 A、B、C 柱），有的跳空幅度大（如 D、E、F、G、H 柱）。如果在图上看不清楚，建议读者在自己的电脑上把这 8 根柱子找出来。然后，以这 8 根价柱的"实顶"画水平线，标记为 1～8 号线，就是 8 条元帅线。

这时，我们可以发现一个奇特的现象："中青宝"的走势中，任何一个阶段的回调都未有效回补这 8 条元帅线，都是"跳空不补"。

笔者就是运用这个基因，做了如下 5 次盘前预报。

（1）图中注①是 2013 年 6 月 7 日（周五），价升量缩，第三个缺口未补时，便发布了盘前牛股预报。预报后的周一、周二连获两个涨停板。

（2）图中注②是 2013 年 6 月 18 日周二，中青宝第三个板出现，有学员在涨停板上卖出中青宝换成生意宝，并在特训群里发布了"用中青宝换生意宝，反正都是宝"的言论。作者觉得这位学员有点飘飘然，当即在群里批评他，并在收评中指出《骑牛找牛，更能看出牛性》。

（3）图中注③是 2013 年 6 月 20 日（周四），当时是自注②后的连续两天缩量下跌，但其下跌而未补第四个缺口，于是作者在收评中强调：缩量双阴，应继续关注。预报后第三天（6 月 25 日周二）获得第四个涨停板。

（4）图中注④是 2013 年 6 月 25 日（周二），中青宝第四次涨停，作者参加"伏击涨停预报大赛"荣获第一名，并于当天发表获奖感言：作者参加伏击涨停预报暂获第一名，不是作者的功劳而是中青宝的功劳，现在不破 4 号线可继续参与。此后 6 天，中青宝上涨 40%，其中先后拉出两个涨停板。

（5）图中注⑤是 2013 年 8 月 14 日（周三），中青宝自 J 柱回调 12 天却不破第 7 号帅元线，并于当天逆市涨停。请看 H 柱的位置已经翻了三番，作者为什么敢于在 K 柱发布牛股预报呢？就因为 K 柱是第 8 次跳空上行，并且过 J 柱创新高，其量柱的高度却远远低于次高量柱 F，可见这只股票的庄家把"牛股三绝"都用上了，而且操作得天衣无缝、步步到位，所以才大胆地发布了预报。并于当天在收评中指出：又现元帅柱，还要创新高。此后，中青宝进入主升浪，17 天大涨 117%，其中先后拉出 7 个涨停板。

实践说明，"跳空不补"的确"后市如虎"。"如虎"的原因非常简单，中青宝第一次出牌就打出了"炸弹"，说明它手中还有更好的牌。从中青宝的这 8 个"跳空缺口"来看，前面三个跳空幅度很小，说明主力很谨慎，防备着对手的好牌；后面五个跳空缺口越来越大，说明主力已掌控主动，越战越勇，最大的一个跳空缺口就在 8 号元帅线的上方，此后便是主升浪。

"跳空不补，后市如虎"，是对传统理念的有力挑战。传统理论认为"缺口必补"，而中青宝的主力却反其道而行之，利用"缺口必补"的传统"股训"，大玩"跳空不补"的把戏，让遵守"传统股训"的投资人不敢介入，他自己却独自享受股票飙升的乐趣。

关于"跳空不补"的后市预测，方法如下：以第一个"跳空不补"的元帅柱实顶乘以 2，突破第一目标位后再用第二个"跳空不补"的元帅柱实顶乘以 2，以此类推。请看本例：

第一个"跳空不补"的 A 柱实顶是 13.11×2=26.22（元）（第一目标位）；

第二个"跳空不补"的 B 柱实顶是 16.39×2=32.78（元）（第二目标位）；

第三个"跳空不补"的 C 柱实顶是 19.56×2=39.12（元）（第三目标位）；

第八个"跳空不补"的 H 柱实顶是 41.49×2=82.98（元）（第八目标位）。

截至 2013 年 9 月 6 日，本例最高价为 90.48 元，收盘价为 85.72 元，所有预测目标位均一一实现。

备注：为了"保险起见"，我们在计算其目标位的时候，也可以用其"实底"作参数。因为有些股票的走势是以"实底"作为攻防线的，可以参照《伏击涨停》一书中用黄金线测试庄家性格的方法来测试"缺口线"的庄家性格，即踩顶的是强庄，踩腰的是精庄，踩脚的是狡庄。

建议：学员们可以用"中青宝"来做一个练习，看看其主力或庄家是怎样运用"牛股三绝"来做这只股票的。建议做成四幅图："倍量不穿"为一幅，"高量不破"为一幅，"跳空不补"为一幅，然后将其合并为一幅图，这幅图肯定是精彩纷呈的高级作战图。

忠告：从"倍量不穿"到"高量不破"再到"跳空不补"，这"牛股三绝"是非常管用的。但是，投资者切切不可砍树捉鸟、刻舟求剑，一定要具体问题具体分析。在风云变幻的股市里，"牛股三绝"绝不是"万能灵药"，还必须结合其他基因综合研判，才能收到理想的效果。

第四节　牛股三绝会过时吗？（天山生物）

"牛股三绝"是在"牛股量形"之前提出的，足足走过了十年的历程。有人问我：最近十年来，行情发生了很大变化，"牛股量形"还有用吗？

答案是：肯定有用，而且大有其用！请看图17-4"天山生物2020年9月22日周二留影"。

该股是"牛股量形"与"牛股三绝"相结合的当今杰作。请看图中标注：

A：是2020年3月19日的百日高量柱，至H柱次日（0819）突破后，再未跌破。

图中B、C、D、E、F、G、H、I共有8根倍量柱，其中C、D右侧被跌穿，倍量柱功能失效，但从E柱开始的五根倍量柱，连续缓步上升，从未跌穿。我们多次说过，只要有连续三根倍量柱不被破坏，后市就会走牛，而该股连续五根倍量未被跌穿，其后市将更有后劲。

I柱：非常关键，是首次向上突破百日高量线的第二天即8月20日周四（见图中红箭头所示），王子的八大弟子在这同一天先后发现，并在其各自任教的基训班讨论或预报了该股，有的还要同学们做了画线练习。

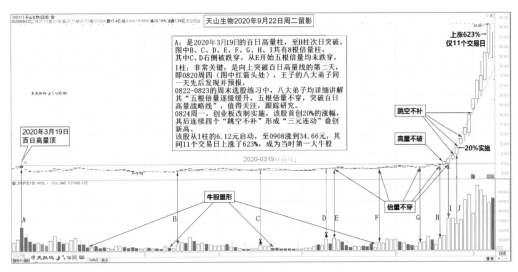

图 17-4　天山生物 2020 年 9 月 22 日周二留影

8月22日—8月23日的周末选股练习中，八大弟子将该股作为重点，画线并详细讲解了该股"五根倍量逐级缓升，五根倍量始终不穿，突破百日高量战略线"等等涨停基因，要求大家画线，跟踪研究。

8月24日周一（见图中J柱），创业板改制实施，该股首创20%的涨幅，许多学员介入，收获了创业板改制后的第一桶金。其后，该股连续4个"跳空不补"，形成了"三元连动"，叠创新高，牛气冲天！

该股从I柱的6.12元启动，至9月8日周二停牌，最高涨到34.66元，其间只有11个交易日，上涨了623%，成为当时两市第一大牛股！

前面有人质疑"牛股量形会过时"，后面有人质疑"牛股三绝会过时"，现在请看该股，从E柱开始，一步步演绎了"牛股量形"与"牛股三绝"的"绝活"！一天天展现了"牛股量形"与"牛股三绝"的无穷魅力！

我们还有理由怀疑"牛股量形"与"牛股三绝"吗？

第十八章
九阴真经　以退为进

"股市特种兵"是量学倡导的一个崭新的概念。

电视剧《我是特种兵》深受观众喜爱，其中最重要的一点就是特种兵的训练方法非常"特"，只有强者中的强者，才能成为特种兵。

强者的概念，不光是体能，还有智商。要的是智商和体能、聪明和智慧、忠诚与狡猾一系列完美的结合，再加上严格的训练和精良的装备，才能训练出真正意义上的特种兵。

"股市特种兵"亦然。

第一节　股市特种兵的操盘特技（太空板业）

战场特种兵所有的训练方法和过程，核心就是保存自己，战胜对手。其核心的核心就是"不被捉"。因为一旦被捉，你有天大的本事也无济于事。

战场特种兵的核心价值是"不被捉"，股市特种兵的核心价值也是"不被捉"，要想成为合格的股市特种兵，第一个需要训练的就是"不被捉"，也就是人们常说的"胜利出逃"。只要"不被捉"，后期你的利润将倍增。

请看图 18-1 "太空板业 2014 年 1 月 7 日周二留影"。

由图 18-1 的标示计算，"太空板业"本轮的总涨幅为 75%，如果及时出逃的话，赚取的利润可以高达 112%。

关于"出逃"，前人有过许多研究，因为其研究的角度和方法不同，得出的结论必然不同，取得的效果当然也不同。这里所讲的"出逃"，是以量柱量线为武器，从短线操盘的角度，以波段操作为契机的"以退为进"。也就是说，我们以股市特种兵的要求来研判当前盘势，力求在每个波段的次高点出货，力争在主力伸手捉你的一瞬间"胜利出逃"。

图 18-1　太空板业 2014 年 1 月 7 日周二留影

这种出逃方法，西山大师称之为"九阴真经"。这绝非借用金庸杜撰的"九阴真经"来故作高深，而是从量柱量线的规律中自然生长出来的实战绝活。

第二节　用左推法瞄准主力动作（案例之一）

《量柱擒涨停》一书中介绍了"左推法"，就是以"当今量柱"与"此前量柱"对比。有比较才有鉴别，有比较才显优劣。只有从"当今量柱"与"此前量柱"的对比中，发现主力或庄家未来的动向，才具有实际操作意义。其基本规律是"阳助涨，阴助跌"。

关于"阳助涨"的战法，学员们应用得比较好，擒拿涨停的学员与日俱增，但这只是升势战法；与之对应的，量柱中还蕴藏着独特的"阴助跌"降势战法，例如，高量阴柱、平量阴柱、倍量阴柱等，就是助跌的，学员们运用得却不尽人意。

那么如何研判"阴助跌"呢？请看图 18-2"某股票量柱逃顶预判"。

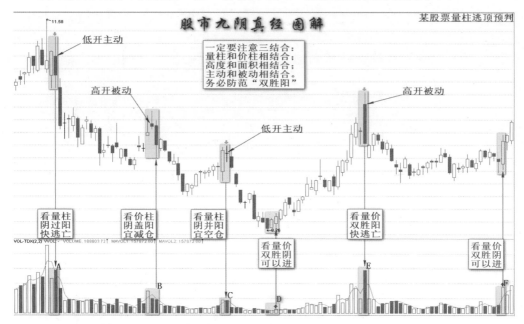

图 18-2　某股票量柱逃顶预判

图 18-2 中有 A、B、C、D、E、F 共 6 个关注点，我们这里只讲解 A、B、C、E 这 4 个关注点。

A 点：看量柱，用"左推法"看，高阴柱突然盖过其左侧阳柱，"阴过阳，不要娘"，一语双关，一是主力不怕骂娘而"不要娘地抛售"；二是散户要紧跟主力"不要娘地出逃"。如果这时不逃，便被套牢，只有顺利出逃了，才有机会再战"江湖"。

B 点：看量价，阴盖阳，宜减仓。上方的价柱是双阴盖阳，下方的量柱是双阴胜阳，两根阴量柱的高度相加，明显大于此前阳柱，看跌。这和分时状态的累计高阴柱是一样的暗示结果，即后市必跌。

C 点：看量柱，阴并阳，宜空仓。阴柱与阳柱并肩而立，也就是说，阴柱这一天的出货量与前一天的进货量基本一样，谁有这么大的能耐？主力！主力出货了，我们当然要空仓。

E 点：看量柱，突然一根高开低走的倍量高阴柱，比 A 点更加恐怖，这时，不管三七二十一，三十六计，走为上计。

第三节 从主被动看清主力意图（案例之二）

同样的动作，有"主动"和"被动"之分。同样是"阴过阳"，为什么图 18-2 中 A 点比 E 点的跌幅大？

因为 A 点是在此前阳柱下方的"主动抛售"，而 E 点是在此前阳柱上方的"被动抛售"。主动抛售肯定比被动抛售的下降幅度要大，因为主动抛售是赚了钱的抛售，而被动抛售是没赚钱的抛售。所以 E 点的下跌过程中必然有自我救赎行为。

"主动被动"的研判，关键在于"揣摩主力的行为意图"，弄清其是"主动而为"还是"被动而为"。弄清了其意图，就能在图 18-2 中 D 点和 F 点大胆介入了。出和进是对立统一的两个方面，二者有机结合，才能立于不败之地。

再来看图 18-3 "某股票九阴真经图解"。

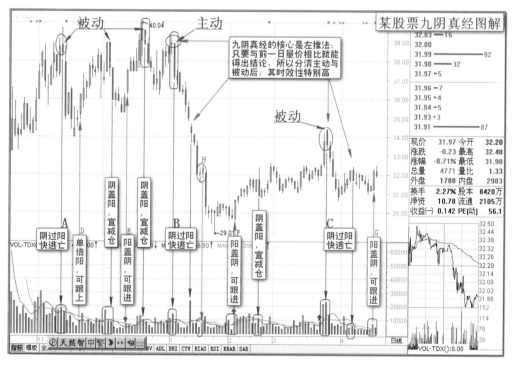

图 18-3 某股票九阴真经图解

图 18-3 中有 A、B、C 三个同样的"阴过阳，快逃亡"，但是，A 点和 C 点的跌幅没有 B 点的跌幅大，为什么呢？

请看"阴过阳"对应的上方圆圈处，A 点和 C 点都是高开低走的阴价柱，和图 18-2 中的 E 点完全相似。所以这里的 A 点和 C 点都是被动撤退，也许有对手盘干扰了主力的上攻，只好被动下跌。

再看 B 点价柱，平开低走，阴柱明显过其左侧阳柱，主动撤退非常明显，所以一泻千里。

一"主动"一"被动"，大相径庭。分清了"主动与被动"，我们的操作就有了度量标准，在被动撤退之后的 D 点、E 点、G 点出现单倍阳柱时可以大胆介入。而在 B 点的主动撤退后面，即使 H 点出现"阳盖阴"也不能轻易介入，就是这个道理。

量柱的辩证法是量学的核心，从规律出发，还可以演变出更多的操盘密码。请看第四节的讲解。

第四节　从走势图看懂九阴真经（案例之三）

金庸小说中的"九阴真经"是虚无缥缈的文学虚构，这里所讲的"九阴真经"是触手可及的股市现实。

下面来看图 18-4"某股票跳空阴图解"。

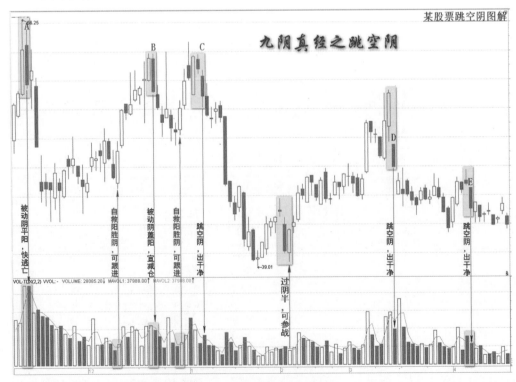

图 18-4　某股票跳空阴图解

煤炭股是最近非常抢眼的股票，可是图 18-4 的煤炭股却走得很不好，为什么呢？图 18-4 中的"九阴真经"揭开了其中的奥秘。

A 点：看量柱，被动阴平阳，快逃亡。

B 点：看量价，被动阴盖阳，宜减仓。

C 点：看量价，跳空阴，出干净；C 点是低开连阴，主动撤退，一泻千里。

D 点：看量价，跳空阴，不要命。一语双关，一是指主力不要命地撤退；二是指散户应该不要命地出货。

E 点：看量柱，跳空阴，出干净。幸亏这个倍量阴柱是高开低走的被动撤退，否则，又会造成一泻千里的走势。

现在，根据上面三幅走势图，我们来挖掘一下图中的"九阴真经"：

1. 量柱三阴

阴过阳，快逃亡（当前阴柱超过此前阳柱）；

阴并阳，宜空仓（当前阴柱并肩此前阳柱）；

倍量阴，出干净（当前阴柱倍量此前阳柱）。

2. 价柱三阴

跳空阴，快出清（当前阴线跳离此前阳柱）；

阴盖阳，宜减仓（当前阴线长于此前阳柱）；

双阴露，往外吐（当前连续出现两根阴柱）。

3. 量线三阴

高量破，快出货（今日阴柱跌破最近的高量柱底线，先实后虚）

克半阳，宜减仓（今日的阴柱跌穿最近的阳柱中线，破线即走）

底线穿，出来观（最近凹底线、黄金线、基柱底线，跌穿即出）

第五节　九阴真经与特种兵训练（上海梅林）

《我是特种兵》中有一场特种兵与特种兵的对抗演习，"小庄"所在的部队全军"被捉"，唯有"小庄"一人"出逃"，眼看演习即将结束，只见"小庄"一人偷来对方的坦克，冲进敌军指挥部，一举反败为胜。

"小庄"从"出逃"到"反攻"的过程，就是"以退为进"、大获全胜的过程。我们散户也是"小庄"，我们用"九阴真经"成功出逃后并非万事大吉，而是要和《我是特种兵》中的"小庄"那样，"偷来对方的坦克"，实现"以退为进"的华丽转身。

如何才能完成这种华丽转身？量学告诉我们三大绝招，就是将"九阴真经"反过来用，实现极阴待阳的伟大转折。这三大绝招是：

大阴出，大胆入（底部或假摔的大阴）

极阴现，别走远（有底或踩线的极阴）

连阴来，笑开怀（长阴加三缩的连阴）

请看图 18-5 "上海梅林 2012 年 12 月 13 日巨阴留影"。

图 18-5　上海梅林 2012 年 12 月 13 日巨阴留影

问题：图 18-5 中最右侧的 J 柱巨阴下跌 8%，主力想干什么？

（1）该股从左侧最高点下跌以来，使用了 A、B、C、D、E、F 共 6 根阴盖阳的巨阴，其洗盘应该是非常彻底了；

（2）至 G 柱出现百日低量后又连续下跌两天，最后的挖坑结束；

（3）至 H 柱三倍阳反弹，突破 F 柱的二一位，已初显强者实力；

（4）至 I 柱小倍阳上攻后，再用两个小阳上探 E 柱实顶线，再显强者意图；

（5）回看 E 柱以来的阴量已被 H 柱以来的阳量克服，这时理应直接上攻，可主力却用 J 柱巨阴下跌 8 个点，难免是故意假摔，用极阴来清洗跟风盘；

（6）再看 J 柱最低点，精准回踩 G 柱百日低量实底，J 柱就是"有底极阴"，这就进一步证实了上述"假摔"的预判。

结论：对于这样"使用了 6 根阴盖阳的巨阴"之后，再现"有底极阴"的、"假摔"的巨阴，在确认其精准回踩 G 柱百日低量实底时，即可判断为"极阴尾声"而适当"买阴"；即使 J 柱当天不敢买入，也可在次日出现"极阴次阳过阴半"的位置设好伏击圈，以便适时介入。

验证：请看图 18-6"上海梅林 2013 年 3 月 27 日留影"。

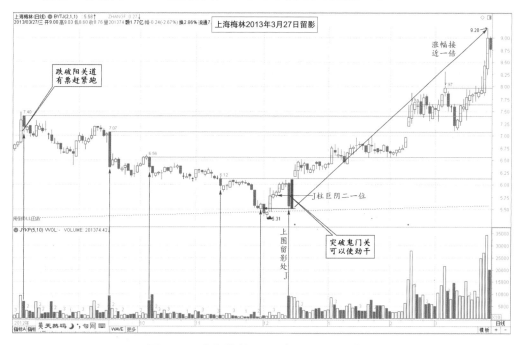

图 18-6　上海梅林 2013 年 3 月 27 日留影

图 18-6 即图 18-5 的 J 柱次日及此后的走势图，该股 J 柱极阴次日涨停，然后震荡上行，收复了大跌以来的全部失地，并且创了新高。充分说明跌得凶狠的，往往涨得也凶狠。只要我们善于应用"九阴真经，以退为进"，从极阴中也能找到牛股。

第六节　九阴真经与基础训练（康强电子、三诺生物）

作者在北大量学特训班讲过"九阴真经"后，有许多学员用得非常好，但是他们又提出一个十分难解的问题："这个逃顶方法很好，就是怕庄家或主力学会后，反向运用，我们散户该怎么办？"

答曰："九阴真经"是一套组合拳，"以退为进"是"九阴真经"的核心。只要庄家敢于"反向运用"，我们就来个"顺手牵羊"；因为量学是根据主力的动作来判断其意图的，只要他有动作，我们就有对策。

"逃顶"就是"防捉"，电视剧《我是特种兵》中的小庄之所以能超越自我、超越他人，只有一个技巧，就是"防捉"。只要我们在"第一时间出逃"，就还有几千个机会等着我们；如果我们不能出逃，半个机会也没有。建议大家多看几遍《我是特种兵》，然后结合本章的内容，翻看自己操作过的股票，从中找到"逃顶防捉"的方法和技巧，找到"以退为进"的位置和良机。

请看图 18-7 "康强电子 2019 年 5 月 27 日先退后进示意图"（这是我们北大量学基训班学员的实战案例）。

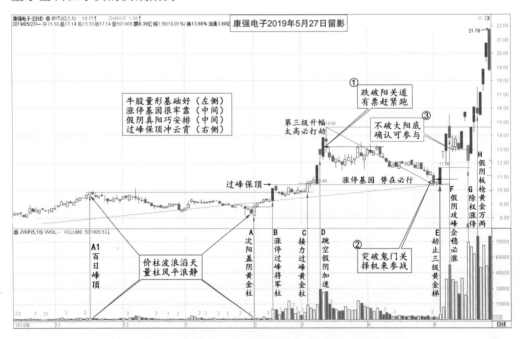

图 18-7　康强电子 2019 年 5 月 27 日先退后进示意图

该股主要的涨停基因和伏击标准都标示在图片上，大家可以从左到右仔细查看伏击过程。作者在此强调三个要点：一是 D1 开始打劫，我们出逃；二是劫止黄金线，我们在 E 柱介入；三是 F 柱试峰回调，我们在 F1 参与，此后享受 8 个涨停板（G 柱不是下跌，而是除权后的涨停板）。

再看图 18-8 "三诺生物 2020 年 9 月 30 日留影"。这是作者在 J 柱伏击的一只股票。

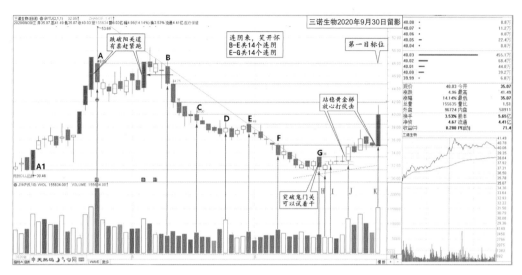

图 18-8　三诺生物 2020 年 9 月 30 日留影

图中标明了先退后进的位置，应该一看就懂。有两个重要标准强调如下：

一是大阴中线（二一位）即"鬼门关"。上升行情若遇"鬼门关"，量学对应口诀是：不过鬼门关，还要向下审；过了鬼门关，可以试着干。

二是大阳中线（二一位）即"阳关道"。下降行情若遇"阳关道"，量学对应口诀是：不破阳关道，抱着股票笑；跌破阳关道，有票赶紧跑。

出与进是一门学问，这和战场上的撤退和进攻是一样的，要求突然性、智巧性与掩护性三维结合，"九阴真经"就是突然性、智巧性、掩护性的有机结合，且大多是"该上不上"的"突然下跌"。不懂量学的人，十有八九会被轻易套住。庄家的资金量很大，如果他们不能突然出手，就会被对手逼向绝路。

所以，"九阴真经"讲的是主力出货的根本规律，主力离开了这个根本规律，就难以实现完美撤退，所以，他们只能更好地运用这个规律，而不能抛弃这个规律，更不用担心他们会"反向运用"。

学会了"九阴真经，以退为进"，可以在最短的时间内"第一时间跟随主力撤退或进攻"，其时效性非常强，如果结合量波来操作的话，十秒钟可以解决战斗。即使你撤退错了，下一个十秒钟又可以跟上去，庄家或主力没有你灵活机动，所以他们不可能改变这个规律。

　

　—网友留言—

第 4 楼"汉兵"留言：股市中出货有各种玩法，但是万变不离其宗，机构就是要千方百计把筹码倒给散户："机构拉升股价的唯一目的就是出货！"王子老师的

"九阴真经"给我们戴上了一副照妖镜。谢谢老师！

第26楼"怕娃落地"留言：讲得太好了，就像下棋，只有先找好退路，才能进攻。"根据地"是不能丢的，谢谢王子老师无私奉献。

第33楼"地梁柱"留言：量柱三阴，量价三阴，量线三阴，绝招啊！

第168楼"阿上"留言：王子的"九阴真经"超过一百本股市书，别人的书越看越糊涂，王子的书越看越明白，总好像一语惊醒梦中人；王子的文笔超好，看王子的书，简直就是一种享受！非常感谢王子！

第220楼"六月神"留言：高！高！实在是高！！王子老师近期的讲座我全都拜读了，受益匪浅。老师的讲座图文并茂，通俗易懂，技术含量极高，老师的语言风趣幽默，仿佛在看一部长篇小说连载——我现在每天盼着周末的到来，好早日看到王子老师的下回分解。

后记 1

大道至简　大悟至明

《证券市场红周刊》记者　郭向非

《证券市场红周刊》（以下简称《红周刊》）：王子老师，您好！我们关注您的盘前预报已有几年了，您的预报经常一个点也不差，太不可思议了！例如今年国庆前后，您在股海明灯论坛（www.178448.com）上对上证指数预报的三线 2165、2190、2242，先后都一一"精准兑现"了，并且如您讲的一样，触及 2242 不过即回调，简直太神奇了！

黑马王子：其实这不是神奇，而是规律。规律"大道至简"。道者，律也。寻律而为，无不可为。天有天意，地有地理，股有股性，把握准了，无不中的。我的所有预报都是遵循股市规律做出的。你看 2165、2190、2242 都是距今最近的大阴实顶线，分别在那个时点与我的太极线关联，我就预报了，就这么简单。只要把股市当作科学来研究，探寻其中的规律，按照规律进行预测、预报，你也能和我一样，这并不神奇。得其律不可弄其玄，测其数不可玩其奥，坦然面对精准二字，大道至简，预测无玄也！

《红周刊》：听我的同事余洋说，北京电视台将于 10 月 18 日开始播出您的讲座，许多读者都想先睹为快，您讲了哪些内容？能否先透露一二？

黑马王子：首先感谢广大读者朋友对我的关心。在此，我要给朋友们打个预防针，千万不要对我的讲座寄予太大的期望。因为期望越大，失望越大。对我这个人也一样，期望越大，失望越大。再说，这三天的节目只是就"伏击涨停"与"涨停密码"的关系做了一些简要讲解，分别讲了"精准踩线""假阴真阳"和"价升量缩"三个基因，每次只有半小时，肯定无法讲深讲透。要想真正掌握股市规律，《量柱擒涨停》和《量线捉涨停》可以算是两把钥匙，用这两把钥匙去开股市这把锁，你一定会有意想不到的收获。2013 年过后，就是 2014 年。"爱你一生、爱你一世"。

春节过后,清华大学出版社将推出我的最新著作《伏击涨停》与《涨停密码》,系统讲解涨停基因的内容,希望对大家有所帮助。

《红周刊》:那太好了!我还听余编辑说,您9月30日就把准备讲解的9只股票的PPT交给北京电视台做先期制作了,可是从10月8日到10月14日,这9只股票在5个交易日内一共创出了16个涨停板,令北京电视台的同志们大开眼界。看来您伏击涨停的技术绝非浪得虚名啊!

黑马王子:呵呵,这没有什么了不起的。我们的"伏击涨停",说穿了就是"换种眼光看股市,变个手法做股票"。这次在北京电视台做讲座,就是专门讲"换眼光、变手法"的。因为我们一来到这个股市,就来到了一个对手极度聪明又极度狡猾的战场,他们是用传统技术武装到牙齿的精英。要想取胜,你必须走另一条路,就是绕到对手的背后去看他在做什么,然后你就顺手牵羊,捡个小便宜。哈哈。我们的"伏击涨停"就是"反传统,抄后门"的技术。

传统技术讲"价升量跟,必有后劲",我们则是"价升量缩,大胆做多";

传统技术讲"高位大阴,铡刀断胫",我们则是"假阴真阳,黄金万两";

传统技术讲"高位连阴,赶快逃命",我们则是"回踩精准,择机跟进"。

我这次预报的浪潮软件、号百控股、新华传媒,就用了这三个技术。如果你仔细研究了,你也能做到。我的很多学员预报涨停的成功率比我高。就连你的同事余洋,现在也能隔三岔五地伏击涨停了。对于这点,我是相当的骄傲!

《红周刊》:哈哈!我得努力了。我想先请教您"精准踩线"的内容。

黑马王子:"精准踩线"就是股价回调时的最低点或收盘点精准对应着某条平衡线。一般来说,会踩到黄金线。这条黄金线也可以叫"黄金精准线",如果出现顶底互换的,就叫"黄金精准峰谷线"。越是集几种情况于一身的线,效果就越好。当然有时会差一两分钱,但很多时候一分都不差。越是一分都不差的越好,这说明主力控盘很好,计划周密,游刃有余。

《红周刊》:提到精准,上周10月10日余洋在我们内部做培训,提到过一只股票——津滨发展(见图H-1所示)。他当时说的是第二天要在2012年4月26日A的大阴实顶3.65元卖出,第二天刚刚好最高价就是3.65元。当天培训时他还说:这只股前次启动是踩稳了7月11日假阴真阳的实顶B(事实上也是凹间峰)

之后发动的。下次的启动也有可能要踩稳 9 月 2 日假阴真阳的实顶 C（也是凹间峰）之后发动。当时我听培训课觉得非常神奇，真的一分都不差！不过余洋却说："我已经见怪不怪了。王子老师很多学员进场和离场的价位都是一模一样的，一分都不差。能把技术做到精确到分，黑马王子算是股市第一人了。"

黑马王子：过誉了。学过量学的人，心有灵犀一点通。余洋 10 月 10 日讲解的"津滨发展"很有特色，我 9 月 30 日在北京台也讲了"津滨发展"。我曾多次强调过：精准是量学的生命。但是有些人不在意，甚至有人说："做股票还讲什么精准，肯定做不到！"那是因为没有找到规律，没有自信。有很长一段时间，我自己也觉得很神奇，不得不佩服主力掌握平衡、斤斤计较的才能。这次北京电视台的节目最先讲的就是回踩精准线。"津滨发展"这幅图的核心也是回踩精准线，当凹间峰与平衡线合一时，它就是一条精准线。图 H-1 中的 B、C 两处，就是典型的顶底互换，当一个人踩着另一个人的肩膀时，他们想干什么？不就是想往上爬嘛。特别是由 B、C 这样的"假阴真阳"构成的"凹间峰"就要注意了，在这里发生精准的顶底互换，往往会暗示一个唯一的方向。我们就是要找到这唯一方向。该上就上，该下就下。这就是规律。跟着规律走，人人是高手。

图 H-1   津滨发展 2013 年 10 月 15 日周二留影

《红周刊》：说得好！假阴真阳余洋给我讲过，我觉得您遇到假阴真阳后的操作策略是完整的，所有的情况都考虑进去了。下面您介绍一下"价升量缩"吧。听余洋说这个内容是量学的精髓，只要掌握得好，仅凭这个就能赚钱了。所以我很想听您讲讲。

黑马王子：我在你们《红周刊》发表过《价升量缩，择机做多》的文章，当时举的例子是"上海物贸"和"拓维信息"。"价升量缩"的情况有很多种，这两只股票是"价升量缩"的经典，即"价板量缩"。你想：价格封在涨停板上，量柱却大幅缩小，这是为什么呢？显然是"没有人卖"，所以你要想买到它，就只能出更高的价。你看这两只股票，在"价板量缩"之后都连续出现了令人咋舌的涨幅，就是这个原理。其实，这次在北京台讲解的"号百控股"和"新华传媒"也是如此。"三先规律"你一定知道，价格是卖出来的（卖在买先），价格上涨，卖出的人却少了（价升量缩），说明持股的人对此价格不认可（价在量先），你要想买到它，只有一个办法，出更高的价儿。就这么简单。大道至简，大悟至明。所以后面的上涨就合情合理了。

《红周刊》：听君一席话，胜读十年书。还是上次培训，余洋还讲了他利用这种方法发现年初的"凯美特气"、年中的"升达林业"和最近表现很好的"三全食品"。这样看来，这个"价升量缩"非常有效！不过单凭这个就能赚钱我是有疑问的。

黑马王子：对！单凭某一个涨停基因是不够的，还要结合其他的涨停基因来综合分析，最好是多基因组合，形成"涨停密码"。余洋很聪明，大悟至明也。据说他把《量柱擒涨停》和《量线捉涨停》看了好几遍，只听了我一次课，不但能预报涨停，还能伏击涨停，还能讲解涨停，真了不起！我喜欢这样活学活用的人。做短线，寻找"涨停基因"是一种乐趣，找到"涨停密码"更是一种乐趣。余洋这样做当然是符合"三先规律"，比较适合做中线，对于平时看盘时间少的人来说比较有效。关键是理解"三先规律"后能活学活用，把这些技术变成自己的东西，才能进入"大悟至明"的境界！

后记 2

盛名之下　其实难副

（作者忠告）

听说清华大学出版社即将出版我的拙著《伏击涨停》和《涨停密码》，许多朋友和网友纷纷来信、来电祝贺，还有一些书商找上门来要大批量订书。一时间，让王子好难应付。

王子思前想后，几夜难眠。觉得应该借此书出版的机会，向读者朋友说几句心里话。说什么好呢？千言万语也道不尽我对广大读者、朋友、网友的感激。我只能告诉大家：盛名之下，其实难副。

文章千古事，得失寸心知。王子不才，却得到清华大学出版社的厚爱，实在受宠若惊。只好将"股海明灯论坛"版主"林京海"整理的《黑马王子论黑马王子》摘录如下，作为"盛名之下，其实难副"的注脚吧。

——王子不是什么大师，也不是什么股神，王子是广大散户中的一员，我们大家携手走到今天，我们就是战友，是朋友，是患难之交，所以请大家不要迷信王子，更不要吹捧王子，赚到银子才是真功夫。

——大家要相信自己、相信量柱，不要相信王子。因为王子经常犯错，你跟着犯错就不值得了。王子可以怀疑，量柱是不可怀疑的！因为量柱比王子实在得多，科学得多。

——谢谢你对我的信任。但是千万不要迷信。在这个世界上，靠谁都靠不住，只能靠自己！西山大师说过："靠山山崩，靠水水流，靠人人走，靠己己牛。"让我们共勉，相信你一定能成功的！（2010 年 2 月 5 日王子给网友的回复）

——王子不才，因此我要送大家"三千万"：

第一，大家千万不要迷信王子，因为王子的失败比成功多；

第二，大家千万不要崇拜王子，因为王子的迷茫比清醒多；

第三，大家千万不要效仿王子，因为王子的缺点比优点多。

——今天的成功，不能代表明天成功。预测的成功，并非代表操作的成功。今日小结的标题为《知行合一，方是英雄本色》，算是给王子敲个警钟吧。知行合一，难哇！著名教育家陶行知先生一生都在实践"行知"。我想，这应该成为王子一生追求的两个字："行知"！（2010年2月6日周末小结《知行合一，方是英雄本色》）

——总之，请大家不要迷信王子，他乃凡人一个，会说不会做，会预测不会操盘，实足的"半吊子"一个。"股海明灯论坛"藏龙卧虎，许多高手不露真容，大家要多向这样的高手学习。学而时习之，不亦乐乎。王子在此向各位高手敬礼！望你们站出来，辅导我们的散户朋友突出重围，夺取胜利！（2010年2月6日周末小结）

——作为一名教书匠，最高的享受就是看见自己的学生取得骄人的业绩。说实在话，我的学生有的当了领导，我从来没有像今天这么激动过。股市不一样，全靠你自己，全靠你努力，全靠你自己坚忍不拔。股场上的成功货真价实。（2012年8月6日收评）

——做股票就要精益求精。王子做学问从来不敢敷衍。君不知，精准出入，是股市生存的第一要素。

——王子的每个预报都是有量有线做基础的。量柱是基础，量线是指导。王子也不能保证每次都看得正确。我的一贯做法是：说对了，是量柱量线的功劳；说错了，是王子看盘的失误。从自身找原因，才能进步。

——量柱是量柱，王子是王子，二者绝对不可相提并论。量柱是实实在在的科学语言，王子只是在解读量柱的科学语言。有时候的解读是正确的，有时候的解读却是错误的。

——王子就是在吃足了亏、倒足了霉之后，潜心研究发明了"阴阳量学理论"。其实，阴阳是世间万事万物的根本组合，炒股的根本出路就是"阳胜进、阴胜出"，这和打仗的根本出路是一样的，"打得赢就打，打不赢就跑"。

——学好了《量柱擒涨停》和《量线捉涨停》的方法，人人都可以做到大致精准的预报；学会了《伏击涨停》和《涨停密码》的要点，人人都可以擒拿几个涨停板。但是能否持久，却是另外一回事。希望大家不要苛求王子的预报天天都是精准的。王子是人不是神，大家千万不要迷信他。

——《量柱擒涨停》也好，《量线捉涨停》也好，即使《伏击涨停》和《涨停密码》这两本书都不是黑马王子一个人的功劳，而是"股海明灯论坛"广大网友的集体智慧的结晶，是全体特训班学员集体智慧的升华。它对于后来者无疑具有振聋发聩的作用。

——请大家看王子的预报时，一定不要迷信，一定要结合量学战法的关键要素综合分析，不要冲动，不要盲动。买错了的，要认真总结买错的原因，从失误中找到正确的方法。否则，你将一错再错，万劫不复。

——有独立的人格才有独立的事业。特训班要形成一种风气，凡是王子预报的股票都不做，这才是走向成熟走向成功的开端。市场上有这么多好股票，为什么偏要做王子预报的股票？我们每个投资人，要学会独立思考，他人预报的股票再好也不要做，最多只能做个参考。

——你们的股票做成功了，千万不要把功劳记在王子头上。那是你们自己的功劳。是你们智慧和勤劳的结晶。王子只是抛砖引玉罢了，王子这块砖头引出了一群璧玉，那是多么荣幸的事啊！

——我是来向大家学习的，哪怕是一个菜鸟，也是我们的老师，为什么？他的失败是我的老师，他的成功更是我的老师。

——黑马王子给投资人和自己的"十个一"：

一个追求成功的宽阔胸怀；

一种合乎规律的正确操作；

一种机智敏锐的看盘习惯；

一种适合自己的操作方法；

一种见贤思齐的开朗性格；

一种调节身心的业余爱好；

一种超越自我的强烈愿望；

一种对待失败的反思态度；

一种对待成功的忘却心态；

一副永远微笑的自信面孔。（2012年国庆留言）

——"股海明灯论坛"伏击涨停榜的高手，简直太让我佩服了，我每天都要研究他们的预报思路和预报方法。我真的受益匪浅。对照我自己的预报，检讨其中的差距。他们的成功数和成功率，超过我一倍以上。这是什么原因？是他们没有把成功当成包袱，而我却背着成功的包袱；他们找到了伏击涨停的规律，并且一步一步接近股市的真理；而我呢，抱着过去的成绩沾沾自喜，岂有不落后的道理？（"股海明灯论坛"2013年"伏击涨停排行榜"留言）

重读以上《黑马王子论黑马王子》，我的眼睛湿润了，感觉又回到了当时发帖留言的日日夜夜。这些话出自我的内心深处，都是不假思索的肺腑之言。现在作为《涨停密码》的"后记"，望各位读者能够读懂王子的心情。

阳春三月，百花争艳，新一轮荡气回肠的行情即将开始。王子衷心期望《伏击涨停》和《涨停密码》的出版，能为广大读者带去智慧、带去财富、带去光明和幸福。

张得一（黑马王子）